FORM LESSON G contents

Design Section
デザイン編

INTRODUCTION	D 002
Gの進化論	D 004
Gのスタンダード	D 010
Gの現在	D 018
Gの可能性	D 028
ANOTHER ANGLE	D 038
TRY THE WORKSHOP FOR DESIGN	D 040
DESIGNER'S MESSAGE	D 044

Technique Section

INTRODUCTION	T 002
TECHNIQUE Ⅰ／LAYERED BOB	T 012
TECHNIQUE Ⅱ／ROUND GRADATION	T 030
TECHNIQUE Ⅲ／GRADATION BOB	T 048
TRY THE WORKSHOP FOR TECHNIQUE	T 072

フォルムレッスンG

定価(本体4,000円＋税) 検印省略
2003年10月 1日 第一刷発行
2017年10月 5日 第九刷発行

著者　植村隆博(DADA)
発行者　大久保 淳
発行所　新美容出版株式会社
　〒106-0031　東京都港区西麻布1-11-12
編集部 TEL:03-5770-7021
販売発送営業部
　TEL:03-5770-1201 FAX:03-5770-1228
http://www.shinbiyo.com
振替　00170-1-50321
印刷所 三浦印刷株式会社　製本所 共同製本株式会社
©TAKAHIRO UEMURA & SHINBIYO SHUPPAN Co,Ltd.
Printed in JAPAN 2003

Introduction

ここからのページは、Gをテーマにしたヘアデザインを展開していきます。Gがデザインにどんな役割を果たすのか、Gからどれくらいたくさんのデザインを生み出すことができるのか、それを見てもらいたいと思っています。僕たちの仕事には、ヘアをデザインできる能力とそれを具体化できる技術力、その両方が必要です。感性と技術——よくそんな言い方をしますよね？ では感性とは何か？ 僕は、自分の周りのものごとをどれくらい深く、純粋に見つめられるか、その意識のありようを指すのではないかと思っています。「きれいだ」と感じたことを、その瞬間の感想だけで終わらせるのではなく「なんで今、きれいと思ったんだろう？」と、もう一歩掘り下げて考えてみること。自分の感じたことを、自分自身で分析してみること。その繰り返しが、自分の感受性を育ててくれると信じます。よく、「感性を養うために、美術館や写真展に行きなさい」って言うでしょう？ でもそれはデザインのネタを探すためじゃない。目や耳や、その他の五感を鍛えるためだと思うんです。そして五感で感じ取ったことを、今度は自分で他の何かに転換してみたり、シミュレートしてみる。僕は時々、身の周りの物体——家具や置物、建築物etc…——を頭の中で勝手に組み替えてみる遊びをします。このテーブルの天板があっちのテーブルの素材でできていたら、どんな印象になるかな、とか、この椅子を3本足にしたら、どんなバランスかな、とか。ヘアデザインとはまったく関係のない、純然たる「一人遊び」です。でもこういった遊びの中から、突如インスピレーションが湧くことって、本当にあるんですよ。

デザインするっていう行為は、遊ぶこと、楽しむことが大切だと思うんですね。トレーニングにもワークショップ的なメニューを取り入れるのはそのためです。誰かに一方的に教えてもらうのではなくて、自分自身の五感を使って経験し、そこから何かを発見する、何かに発展させる。僕たちのトレーニングには、そんな要素も大切ではないでしょうか。

ヘアデザインを楽しむ、豊かにするためには、髪の毛以外のことも楽しむこと、豊かにすること。「手」を機械のように正確に動かせる訓練をする反面、「頭」は常にのびのびと自由に働くようにしておくこと。そうなったとき、僕たちの仕事は本当に楽しいし、きっとお客様にも心から喜んでもらえると思います。——そんな気持ちが伝わることを願って、ここからのデザインをつくっています。

Gの進化論

「G」はブラントカットが一般的になった60年代から現在まで、どの時代のヘアデザインにも必ず登場します。Gの特徴が前面にでているスタイルもあれば「これもG?」と思うデザインもあるはず。Gの構造そのものは普遍的でも、そこに削ぎやカラーが加われば印象は変化します。ここでは60年代から90年代にかけてGがどのように進化したのかを見てみましょう。

Design _004　ウイッグ提供／フォンテーヌ㈱　マネキン協力／㈱七彩

60's
Sixties Style >>>>

●1960年代初頭、ロンドンのマリー・クワントから始まったミニスカートが大流行。モデルのツイッギーが人気を博したのもこの頃。一方、美容界にはヴィダル・サスーンが登場し、『ファイブポイント・カット』など、ブラントカットによるシャープなショートやボブスタイルを発表。ヘアデザインに革命を起こす。コスモルックや、サンローランのモンドリアンルックなど、この時代のレトロフューチャー・モダンなモードにマッチした。またモッズルックやピーコックスタイルの流行も、60年代。ビートルズのヘアを見ても分かるように、60年代のGとして代表的なのはマッシュルームスタイル。●これは浅いGでカットされた、ラウンドグラデーションのマッシュルーム。テクニック編の040ページのラウンドグラに近い。「削ぎ」のない時代なので、日本人の髪と骨格ではもっとボリュームが出たが、欧米人の髪質だとこのようなフォルムになる。現在のマッシュルームなら、バングがもっとコンパクトで、インナーセニングによる動きをつけるだろう。

70's
Seventies Style >>>

●60年代後半、若者の反体制運動から生まれたヒッピー・ムーブメントは、70年代に入り、世界中のあらゆる年代に広まった。その影響で脱都市化、自然回帰、非西欧文明への憧れといった思想が、サイケデリックやフォークロア、エスニックルックを流行させた。この時代は男女共にロングヘアがトレンド。神秘主義や自然主義の影響で、長髪は自由と特権の象徴と考えられていた。一方日本では、70年代に『anan』『non-no』『JJ』といったファッション誌が次々と創刊。70年代後半〜80年代前半には「ニュートラ」や「ハマトラ」といった「良家のお嬢様」風ファッションがブームになり、ヘアスタイルもロングレイヤー〜ミディアムレイヤーが流行に。ただし今と違って、ブローで流れをつくるスタイルだった。●70年代後半、それまで主流のストレートロングから、徐々にブローでつくるレイヤースタイルに移行。これはGのフォルムの中にLが混じった、テクニック編024ページのレイヤーボブに近いスタイル。今ならかなりセニングを入れて隙間をあけてつくるはず。

D004／チュニック、メタルモロッコベルト、ジュエリーベルト、スカーフ、サングラス／すべてEXPÉDITION MODE　メタルチョーカー、ローズ付ブレスレット、ベルボトムス／すべてFREAK OUT　インドビーズネックレス、アフガンラピスラズリネックレス、ゴールドブレスレット／すべてはるばる屋

80's
Eighties Style >>>

D005／三角ベルト／EXPÉDITION MODE

●ロンドン発のパンク、アメリカ発のプレッピーなどと共に、世界的に流行したのが『コムデ・ギャルソン』や『Y's』に代表されるプアルック（またはモノトーンルック）。バブル期が始まろうとしていた日本では、「DCブーム」として社会現象にさえなった。同時期にYMOを代表とするテクノミュージック・ブームが起き、テクノカットと呼ばれる前衛的なヘアスタイルが登場。男女を問わず、大きな肩パットを入れたマスキュリンな服に、ネープを刈り上げたシャープなボブなど、「刈り上げ」ヘアがトレンドになった。が、80年代後半になると、ワンレン・ボディコン時代が幕を開ける。またラッパーなど、ブラックカルチャーに人気が集まりだす。日本では「渋カジ」と呼ばれたカジュアル路線が登場。●これはいわゆるボックスボブ。ネープが刈り上がり、削ぎもまったく入っていない。すべてがとても直線的な構成でできていて、今の時代のボブにあるような、骨格の丸みにフィットさせる、という考え方をしていないスタイル。

90's
Nineties Style >>>

●90年代の初頭は、まさにボディ・コンシャス時代。アライアやモンタナに代表される、身体の線を強調したドレスには、ワンレングスのストレートロングが定番だった。しかしこのブームが去ると、モードのトレンドセッターはメディアから、いっきにストリートへと移行。50年代以降の様々な時代のファッション要素、グランジルックと呼ばれた労働者風ファッション、スノーボーダーなどのスポーツルック、ヒップホップルック、アーミールックなど、あらゆるものがリミックスされていく。もはや1つの大きな流行に全員が乗ることはなく、ヘアスタイルにおいてもそれは同様。「個々への似合わせ」を求めて、削ぎやセクション&ゾーンカットなど、日本人の骨格に合わせたテクニックが急速に進化し、ヘアカラーも定着した。●90年代後半は、日本人の頭をコンパクトにみせることを追求した時代。これはGベースであっても、Lと削ぎが多用され、フラットな印象を与えている。テクニック編024ページのレイヤーボブに非常に近いインターナルを持ったスタイル。

Gのスタンダード

ここで紹介しているのは、Gの特徴がシンプルに現れることを意識したデザインです。それはレングスに対して、ウエイトのラインをスタンダードな位置に置いている、ということ。Gの最大の特徴はウエイトラインに現れます。レングスに対してどの位置にウエイトを置くことが一番美しいのか、それを知ることがGをデザインする第一歩だと思います。

Design _016

G の現在

ウエイト位置に対して、「重さ」を少しズラしたデザインを展開しました。つまり厚みや量感が、スタンダードなバランスではないということ。本来なら厚みを持つべきところ、薄くあるべきところを少し組み替えているのです。ヘアデザインは常にファッションに連動します。時代が求めるバランスを考えるのはとても大切なこと。ここでは「予定調和」をやや崩すことで、現在の時代感覚にフィットさせてみました。

021_ Design

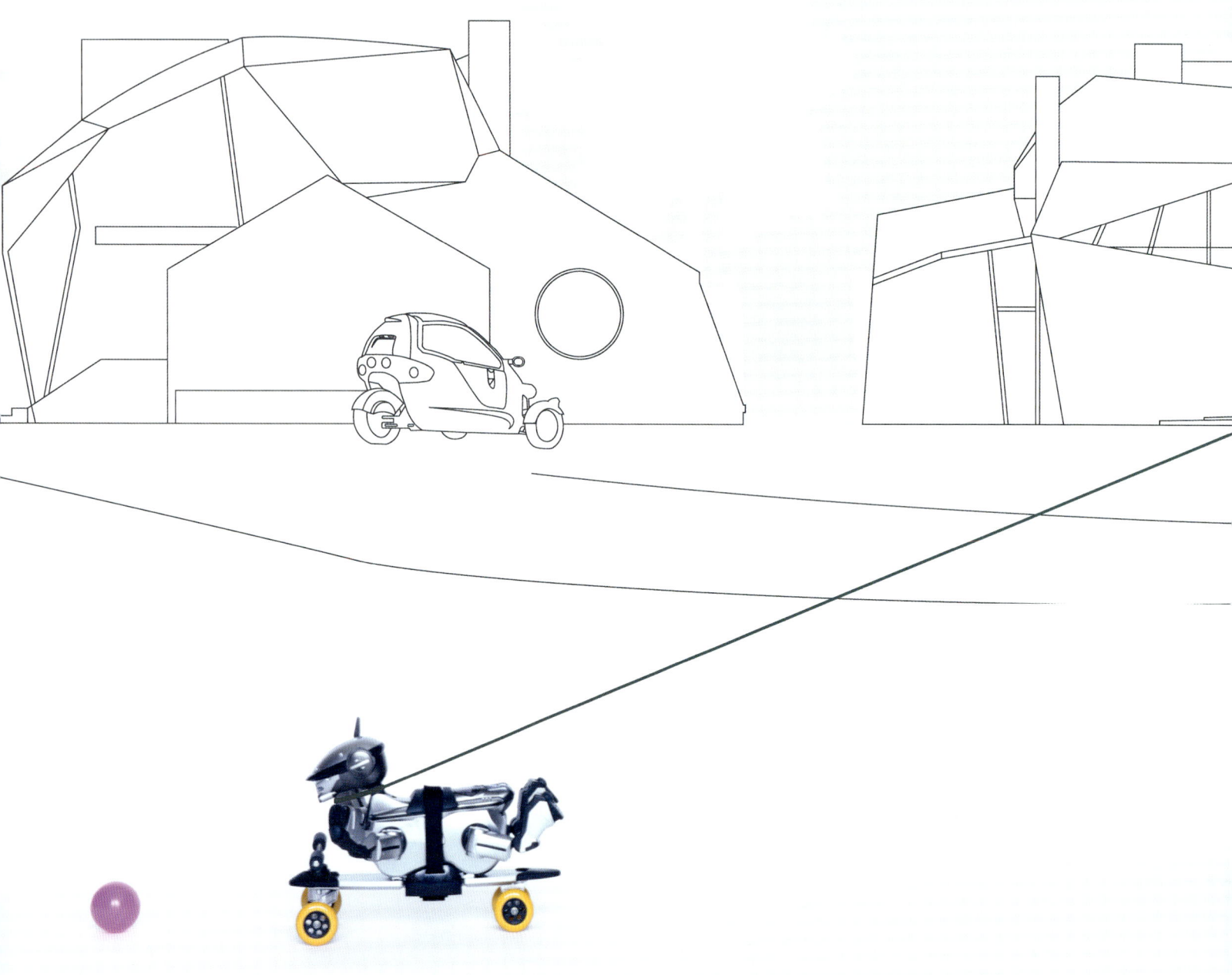

025_ Design

Gの可能性

「Gの現在」で展開したバランスの組み替えを、さらに推し進めたのがここからのデザインです。重量感が特徴のGにおいて、このバランスを追求することは非常に難しいのですが、新しさもここから生み出されていくと思います。ウエイトの位置を増やしたり、ラインの中に違うラインを組み込んだり、Gを使ってどこまでデザインを発展させていけるのか、一緒にトライしてみましょう！

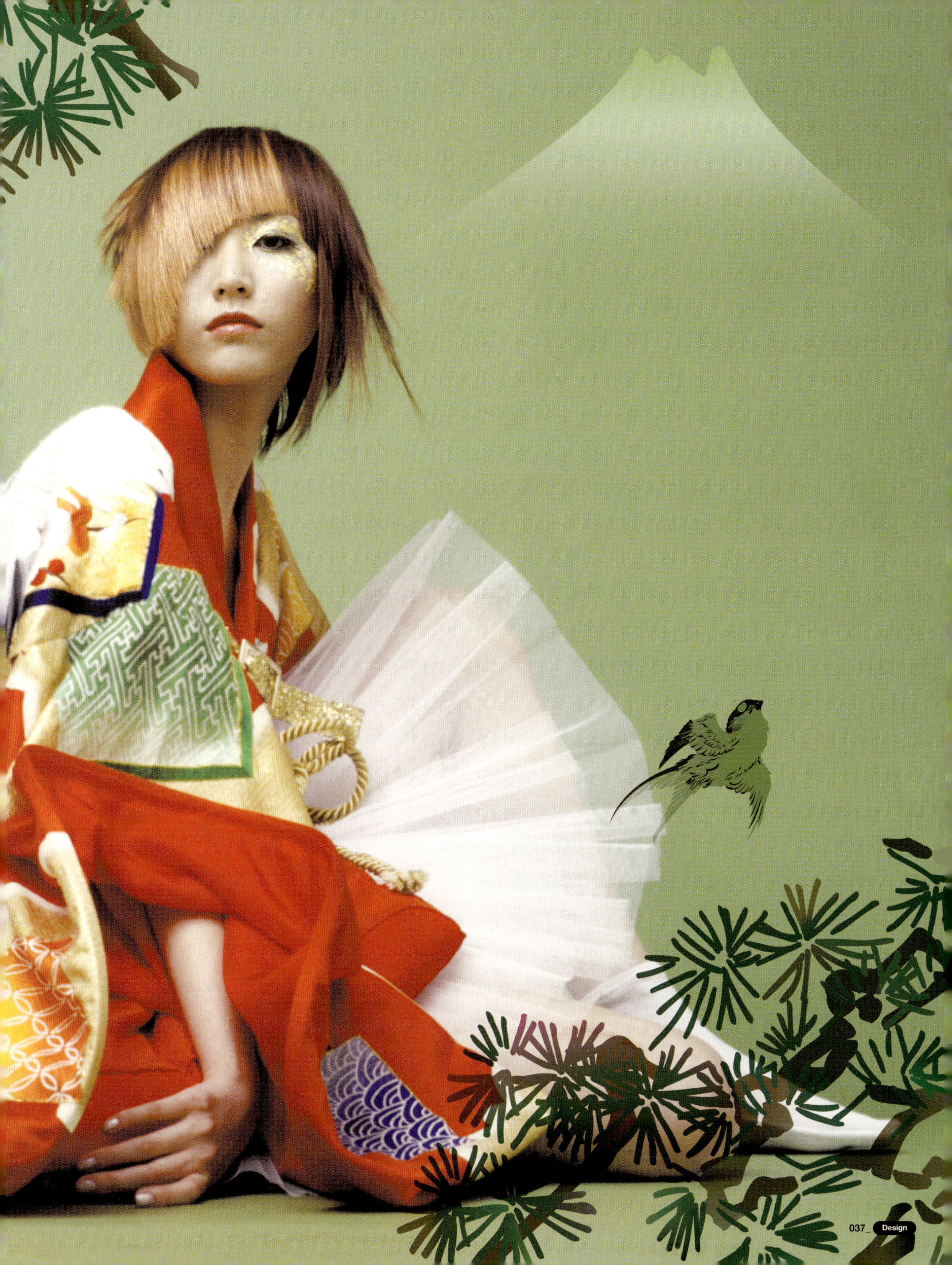

:: Another Angle

Gのスタンダード >>>

P_011　P_012　P_013

Gの現在 >>>

P_018　P_023　P_020

Gの可能性 >>>

P_028　P_030　P_032

Design_

Try The Workshop For Design
デザインのためのワークショップ

時にはサロンワークを離れて、まったく別な視点からデザインを発想してみよう——それが、今回ご紹介するワークショップ型のトレーニングです。いわばテクニックやデザイン力のストレッチ運動。こうしたトレーニングで考えたことや発見は、思考力、発想力を鍛えることになり、最終的にサロンワークにもフィードバックしていくはずです。サロンでも、少人数でも積極的に取り入れてほしい、トレーニング法の一つです。

>>>養老天命反転地>>>

ようろうてんめいはんてんち 荒川修作とマドリン・ギンズがつくりあげた実験的庭園。そこを回遊することで、人間の一般常識的な平衡感覚をいったん覆し、道徳や常識にとらわれない、研ぎ澄まされた五感を体感させる場所として注目される。

今回、植村さんと一緒に、「サロンワークを離れて別の場所に赴き、そこで見たものからデザインを発想してみよう」というワークショップを行うことになったのは、京都の「snob」の吉田隆司さん。二人は共同で、2002年度から「デザイン改革1095」という3年計画のセミナーを全国展開しており、日ごろから信頼の置ける同士であると同時に、よきライバルでもある間柄です。今回、二人が訪れてみることにしたのは、岐阜県養老郡にある「養老天命反転地」。ここは現代美術作家の荒川修作と詩人のマドリン・ギンズがプロデュースした、かなり異色のテーマパークとして知られています。入り口のゲートを抜けた二人は、緑濃い山あいをバックにこつ然と姿を現した、楕円形の巨大な窪地にしばし絶句。その中には大小様々な日本列島が横たわり、小山や窪地が複雑に点在し、迷路のような回遊路をつくりだしています。そして水平や垂直という概念を持たない建築物がそこここに存在する、という、まさに不可思議な空間。「今日のことをお互い、楽しみに待っていた」という二人は、カメラを手に足を踏み出しましたが…

>>>> 2003.05.24
in Site of Reversible Destiny-Yoro PARK GIFU
養老天命反転地（岐阜県）

はじめに2人が入ったのは、窪地の外側にあるメインパビリオン「極限で似るものの家」。平行ではない壁が室内を不規則に細かく分断し、それによってバサッと切断されながらも配置されるテーブルやソファ、ベッドの異様な風景。さらに天井や一部透明になっている床下からも、バスタブなどが覗く多次元構造の世界に、2人は無言のまま立ちつくす。

窪地に下り立った2人は、様々な場所を巡る。時には窪地の底に、時には高見から見ろすかたちで動き回りあちこちでシャッターを切りながら、建物の1つひとつに入っていく。
1時間が経過したころ、植村さんから「あー、早くウイッグを切りたいなぁ！」という声が。

巨大な楕円形にくり貫かれた窪地を外輪郭から眺めたところ。かなり起伏が激しく、急傾斜のすり鉢状になっているため、スニーカーの類でないと降りることが困難。手探りで入る真っ暗な建物や、壁がすべて傾斜している家、唐突に姿を表す傾いたソファやキッチン、斜面に描かれた、世界各国の道路地図…あらゆるものが平衡感覚を失わせ、そこにいる者に眩暈(めまい)を起こさせるような感覚に陥る。

Uemura's Focus
植村さんが注目したのは、外輪郭の外側の斜面に立つ「精緻の棟」。内部には様々な穴があいていて、底から外の光景を眺める仕組み。ただしゆがんだ斜面を歩くのは容易ではない。

Yoshida's Focus
今回、吉田さんが特に注目したのは、先ほどの「極限で似るものの家」の外壁。白黒のパネル状の壁（？）が不均衡に並び、見ていると不安感と同時に、威圧感も迫ってくるようだ。

>>>> 2003.05.25
in Office "snob" Kyoto
snob（京都市）

午後4時頃、2人は新幹線に乗って京都へ向かう。今回は河原町にある吉田さんのサロン『snob』をお借りして、アイデアを実際にデザインに起こし、ウイッグでカットしてみる予定である。とりあえずいったん、『snob』のオフィスに入り、それぞれ今日撮った写真を並べてじっくり検討したり、デザイン画を起こしてみたり、の作業に突入。

植村さんは写真を切り貼りしてコラージュをつくり始める。吉田さんは早くもウイッグで試し切りをスタート。テーブルをはさみながら、2人はお互い、それぞれの作業に没頭中。と、思いきや時折、今日の感想を楽しそうに語り合う姿も見られた。

>>>> 2003.05.25
in Hair Salon "snob" Kyoto
snob（京都市）

夜も更けた頃、営業の終了した『snob』サロン内に場所を移動。左右に分かれてウイッグスタンドを立てた2人は、カットをスタート。しばらくは無言のまま、カットに集中する。いつもと違って、自分の気の済むまでカットに集中することが許された時間。2人の表情はいつにもまして真剣で厳しく、しかし楽しそうだ。1時間が経過し、そろそろフィニッシュに近づいてきた吉田さんは余裕（？）で、植村さんのカットを見学に。2人の間で談笑が交わされる。よきライバル同士であることが垣間見れる瞬間。

カット終了後、ウイッグの撮影に入る。雑誌などの撮影と同様に、最後まで仕上がりには細心の注意を払う。今回はカメラマンが撮影するが、日ごろは自らカメラを操り、作品撮りを行うことも多い2人。もちろん、こういったワークショップ形式の練習会を自分のサロンでも開き、撮影を行うことも多い。

Yoshida's Works
吉田さんの作品

吉田さんがインスピレーションを受けたのは、D041ページの白黒のパネル状の壁。「と言っても、直接的にはバングに活かせるかな？　と思った程度。それよりもバランスに対する考え方全般に影響を受けた、といったほうがいいですね。あそこ(養老天命反転地)にいると、自分では普通の感覚だと思っていたことが実は普通ではなかったり、その逆に『普通じゃない』と思われてることでも、『もしかして、アリなんでは？』と思えてきたり…。居るうちに頭がフラフラしてきましたけど(笑)。これはヘアでも言えること。ヘアの基本はシンメトリーでしょう？　でもいろんな線が交差したり、左右が極端にアシンメトリーのバランスだって存在していいんじゃないかと思う。要はそれも含めた全体のバランス。ヘアスタイルもそう考えていいんじゃない？　と後押しされたような気分。もともとアヴァンギャルドなものが好きだし、よし再びスタートラインに立ったぞ！　と思った一日でした(笑)」

Uemura's Works
植村さんの作品

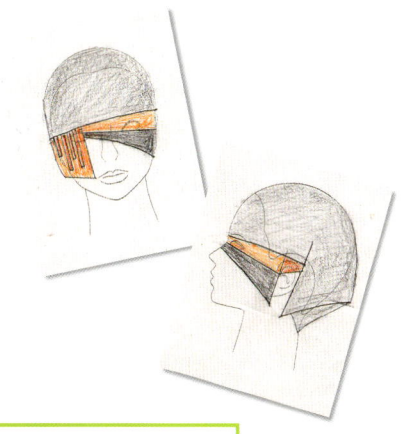

写真やパンフレットをせっせと切り張りして、なにやら独特の設計図を描いていた植村さん。「これ、実はだまし絵的っていうか、左右で前後を逆にしているの、わかります？　ヘルメットを後ろ前に被ってもかっこよく見えるはず、っていうのと同じ発想。実は『養老天命反転地』にちなんで、実際にヘアを反転させてみました(笑)。僕の場合、単純に『この形からダイレクトに発想』っていうよりも、一ひねりすることが多いですね。今回は、最初にラフに左右のデザイン画をおこしてみて、片側を切った時点で『あ！　これはイケる！』とひらめいたんです(笑)。土台を反転させて成り立つデザインがあるってことがわかったら、そこからはスムースでした。1つの面ができたら、その必然から隣り合う面は自然と生まれるものだと思うんですよ。サロンワークの場合は正面から発想をスタートさせることが多いのですが、今回は左右のデザインが起点。それを繋ぐ意味で正面と後ろは発想しています」

Takahiro Uemura_DADA

植村隆博（DADA）
うえむら・たかひろ　1969年、静岡県生まれ。静岡・東京のサロンを経て1990年ロンドンに渡り、1993年ヴィダル・サスーン入社。スタッフ専門のトレーナーとして教育に務める。同年クリエイティブチーム『DADA』を設立。1997年に帰国し、原宿に『DADA』を開く。2000年『DADA表参道』オープン。2003年・秋『DADA CuBiC』として拡張オープン。同年『DADAデザインアカデミー』開講。現在クリエイティブ・ディレクターとしてサロンワークの他、撮影、ヘアショー、セミナーなどで活躍中。2003年JHAグランプリ受賞。

Design >>>

せに過ぎませんし、削ぎのテクニックもそれらの延長上に位置するからです。実際に『DADA』では、デビューの2～3か月前まで、削ぎの練習は一切行いません。それまでの2～3年間はひたすら、この本にあるGとLのトレーニングを行っています。でもGとLの原理がちゃんと分かれば、ゾーンセニングの意味も簡単に理解できるので、それで充分なんですよ。

ただしこの原理を理解し、自分のものにするためには、ひたすら自分自身の手でウイッグを切ってみるしかありません。というのも「失敗して欲しい」からなんです。「あれ？写真の仕上がりと少し違うぞ？どうして？」と考えることが大事。その都度、原因を分析し、解決法を探ってみてください。とにかく初めは、同じ形ができるまであきらめずに何度もトライしてみましょう。その過程のすべてが、最終的に応用力となって還ってきます。

なぜ僕たちは、幅広いフォルムコントロール力を身につけなければならないのか？それは結局のところ、お客様をハッピーにするためだと思うんです。本当に似合ったデザインを提供できるのはもちろんのこと、フォルムの完成度が高いほうがカラーも決まるし、ディテールで遊びをつけやすくなる。だからこそ僕は、1～2ミリの差にもこだわりたいんです。

このトレーニングはこれまでのパターン化されたマニュアルに比べると少し時間がかかるかもしれません。しかし基礎力と同時にかなりの応用力が身についていくので、最終的には「急がば回れ」だと思っています。目指すのは「スタイリストになったときに、苦手とするものがない」状態。そのためにもぜひ、この本を活用してください!!

STAFF
hair&technique／Takahiro Uemura
make-up／Yoko Kawai
color／Hiroshi Nishigai
　　　　Emi Yoshimura
　　　　Yuko Saito
　　　　Nobuhiro Kawaguchi
diagram／Yuji Nishido
assistant／Yuji Nishido
　　　　Ra Efa
　　　　Chihiro Nakamura
　　　　Ikuyo Kawashita
　　　　Sayaka Tanaka
　　　　Yuki Osumi
　　　　Yuka Kataoka

and DADA all staff

styling／Noriaki Otsuka (D004～009, D018～037)

art direction／COMBOIN
CG creation (D018～D037)／NOZOMI KAMATA

photograph／SHINBIYO staff
project edition／Monthly SHINBIYO editorial staff

Special Thanks
Takashi Yoshida and snob staff

ソニー㈱
㈱レジーナ

コスチューム協力
EXPÉDITION MODE　TEL03-3760-3746
FREAK OUT　TEL03-3318-3010
はるばる屋新宿アルタ店　TEL03-5269-7756

ウイッグ提供 (D004～009, T008～009)
フォンテーヌ㈱　TEL03-3352-2835

マネキン協力 (D004～009)
七彩㈱　TEL075-311-7731

撮影協力 (D040～043)
養老天命反転地　TEL0584-32-4592

<<< technique

かつてヴィダル・サスーンで学んでいた僕は、「このスタイルは、こう切ること」と、すべてきっちりパターン化されたマニュアルでレッスンしていました。しかしパターン化されたものは、大勢の人に均等に伝えやすい反面、「それしかできない」という局面に陥りやすいんですね。自分もその壁にぶつかって、とても悩みました。そこから僕の、長い試行錯誤が始まったのです。

たとえパターンで教わったとしても、「こういう形がつくりたい！」「こんなデザインを表現したい」という強い意志があれば、様々な実験を繰り返して、最終的に応用力を身につけることはできると思います。僕が辿ってきた道がそれですね。しかしこれはあまりにも時間がかかりすぎる。スタッフに教える立場になったとき、なんとかもっと効率よく、しかも基礎を学ぶと同時に、そこから自分で発展していける応用力も身につく勉強法はないものかと考え続けました。それが現在『DADA』で実践している方法であり、この本と、続編『フォルムレッスンL』で紹介するトレーニング法なのです。

大切なのは、ヘアスタイルの切り方を覚えてもらうことではなく、ヘアカットの原理を理解してもらうことです。ではカットの原理とはなんでしょう？　僕は、究極的には「球体と重力の関係」を知ることだと思っています。頭の丸みに対して、どこをどう残し、どこを削るのか。すると髪は下に向かってどんな形で落ちていくのか、このことを理解する。その残し方と削り方の種類が、すなわち「G」と「L」なのです。この原理が徹底的に頭に叩き込まれて、あらゆるGとLをつくりだせるようになっていれば、結局のところ、どんな形でも実現できます。2セクションどころかマルチセクションでも、その原理の組み合

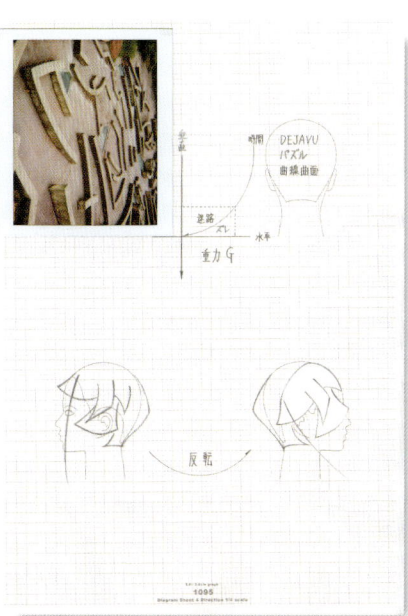

Uemura's Works
植村さんの作品

Gのフォルムの中に、さらに厚みや立体感を感じさせる構造を組み入れる

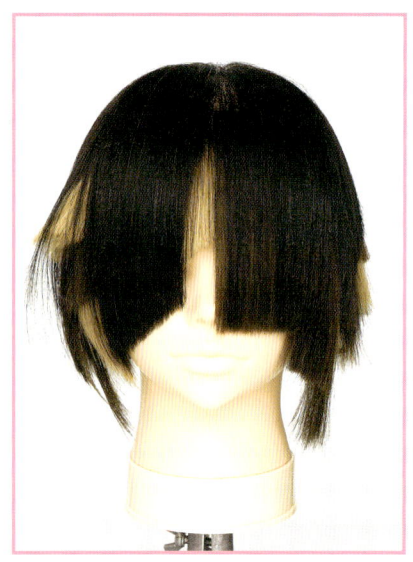

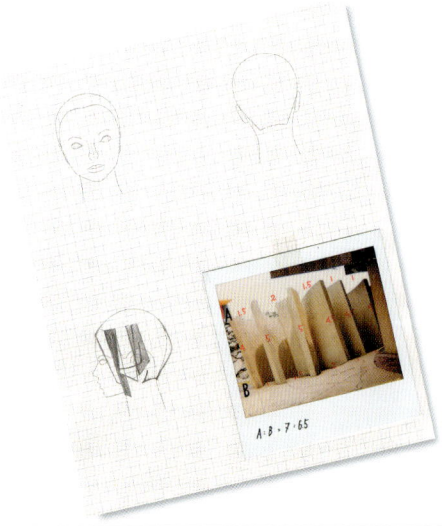

「今回のテーマは、この本のテーマと一緒で『G』。Gというテクニックから、どこまでデザインを広げられるか、に挑戦したつもりです。Gは一般的に『重い』印象があるでしょう？ 重力を指す記号でもありますね。空気抵抗を感じさせる、というか…。それを一ひねりして表現できないかな、と。具体的にはGのフォルムの中に、さらに厚みや立体感を感じさせるキューブ状のG構造を組み入れてみようと考えたんです。名づけて"キュービング"。もちろん本当の厚み（毛量）を残すわけではなく、見た目の感覚として。具体的には立体の中に、さらに立体を組み入れる、いわばキュビズムの建築物みたいなものを発想しました。立体って、基本的に縦と横と奥行きの線でできているわけですが、その中にまた線を入れてみたんですよ。それも斜線や曲線を多用して。すると一挙に距離感や奥行き感に変化が出て面白いのでは、と思ったんです。特にGのフォルムの中だと、それがはっきりと現れるんじゃないかなと——実はこのワークショップの後、サロンワークでもすごく使うようになったテクなんです。といってもポイント的に、どこかにこっそり一か所って感じですけどね。

今回のワークショップは本当に面白かったですね。『養老天命反転地』はすごくインパクトがありました。垂直や水平が存在しない、ゆがんだ空間だったでしょう？ 自分の感覚も反転させられるような感じがして。だからヘアを反転させちゃいましたけどね（笑）。でもある側で美しいバランスを持つものは、その逆側に反転させても成立するバランスを持っているんじゃないか？ と気づかせてくれたのは、あの場所です。本当はあそこでウイッグを切ってみたかった（笑）

今回2人で並んでカットをしてみて、僕と吉田さんは『これは美しいバランス』と思える許容範囲が似てるんじゃないかな、と思いました。好みのレングスやウエイト感はたぶん、全然違うんですけど。違うけど、かっこいい、吉田さんのつくるものは。彼は本当にデザインをすることが好きなんだな、というのも感じました。そして絶対に妥協しない。今回、見ていてそれがすごく伝わってきましたね」

Yoshida's Works 吉田さんの作品

マルチセクションにGという安定感を持たせることで、バランスをキープ

「今回僕は、Gのテクニックを使う、ではなく、Gのフォルムに見えるようにつくる、をテーマにしています。使用したあの特殊ウイッグはそれを考えるにはうってつけでしたね。だってパネルを下から貼っていって形にするわけだから、内側の構造をどうすればGのフォルムにみえるのか、ということをすごく考えながらつくりましたよ。Gのフォルムに見えるのは、まずはどこかにボブの要素をもっていることだと思います。具体的にはウエイトが下にあったり、切り口に厚みがあったりすること。このスタイルは、トップは前上がりのオワン状で、誰が見てもGを感じるフォルムをしています。その下のセクションでウエイトラインが決定されるのですが、マルチセクションの場合、そのバランスをどういうふうにつくるのかが、迷うところですね。実は、このスタイルで最初に浮かんだのは、写真・右下の側です。耳上の部分を直線的に切り込むことで厚みを感じさせ、なおかつこのラインをウエイトラインに呼応させようという発想です。ただし左右がこれと同じでは強烈過ぎるので、逆サイドはもっとシンプルにしてあります。次に正面。左右を繋げると同時に、肌の見え方のバランスを考えました。フロントサイドに長さを残してありますが、これがあるとないとでは、まったく印象が違うはずですよ。そしてバックはシンプルに抑えました。これら全体の構成を考えたところで、カットは正面からスタートしたんです。最初にこの部分のバランスを決めないと、全体のバランスに狂いが生じると思ったので。こういうマルチセクションの場合、どこかに安定感をつくってあげることが、バランスをキープするポイントだと思うんですね。この場合それは、様々なラインが組み合わさる構成でも、Gのフォルムをしっかりと感じさせる印象にしたことだと思ってます。

今回、久々に思いっきり『デザインした！』って感じですよ。もうホントに一所懸命になって（笑）。勉強になりましたね。すごく楽しかった！　植村さんのカットを間近に見て、いろいろ発見もありましたし。実は細かいことなんですよ。スライスの取り方とか、チェックカットの仕方とか。『あ、そういうやり方もあったのか。そっちのほうがいいかも』なんてね。実はそういうところが『お宝』だったりするんです（笑）」

>>>2003.05.26
in Hair Salon "snob" Kyoto
snob（京都市）

Try The Work

カットが終了して、お互いの作品を並べて見る。「この部分は、どう考えたの？」「あ、こういうことをしてるんだ！」などと、相手の作品を注意深く観察。「植村さんのカットって、すべてのものすごく繊細なのかな、と思っていたら、そうではない部分もあって。捨て去るところは潔くポンッと捨て去ってるんだよね。でもそのメリハリがまたかっこよかったりする」と吉田さんが言えば、植村さんは「吉田さんも僕も、ジオメトリックやスペーシーなものが好きなことは共通しているのに、テイストはお互い異なるんだなぁ、と今回ははっきりと実感した。僕が『2001年宇宙の旅』みたいなドライな世界が好きなんだとすれば、吉田さんは『エイリアン』のように少しウエットな世界感が好みなんじゃないかな、と」。

午後2時過ぎ、撮影が開始。時にはファインダーを覗き込み、最終チェックに余念のない二人。4方向を1点ずつ丁寧に撮影していく。「実はこういうとき、他の美容師の、スタイリング剤の使い方とかアイロンの使い方なんかを見るとすごく参考になるんですよ。ミクロの部分がね」と吉田さん。

technique_073

shop For Technique
テクニックのためのワークショップ

近年、ワークショップ型（参加体験型）のセミナーが注目されています。しかし「興味はあるけど、具体的にはどういうことをするの？」と思っている人が多いのでは？ワークショップは、実はサロンでもちょっとの工夫で取り入れられる練習法なのです。ここではD040ページと同様、その実例をご紹介しましょう。

日々のトレーニングを重ねて、Gの原理を習得…するのはもちろんとても大切なこと。しかしその一方で、頭をいつも柔軟にしておく「トレーニング」も重要ですね。テクニックとは、ただ覚えるだけでは意味をなさないもの。デザインに結びつくことで、はじめて役割を果たします。そこで試みて欲しいのが、ワークショップ型のトレーニング。テクニックをテクニックで終わらせないための、実験的な勉強会も行ってみましょう。ここではD040ページから引き続き、植村さんと京都／『snob』の吉田隆司さんが、2人だけのワークショップを行った模様を紹介します。「デザインのためのワークショップ」の翌日に2人が行ったのは、「テクニックのためのワークショップ」。つまり今度はGにまつわるテクニックから発想して、デザインにおとしこむ作業を行ってみよう、という試みです。2人とも、前日から何度もデザイン画を描いたり、ウイッグに向かったり…と、黙々と準備を進めていました。朝9時に『snob』に集合した2人は、早速ウイッグスタンドをセットします。お互い、どんなテーマで、何を考えながらつくろうとしているのか？　自分のウイッグに真剣に向かいながらも、相手のカットにも目を走らせています…。

この日はサロンが定休日なので、広い店内は朝から2人の貸し切り状態。それぞれ手元に、前日に『snob』のオフィスで描いていたデザイン画や設計図を置いて、カットを開始する。いつもの何倍もの時間をかけて、1つのスタイルに取り組む2人。タバコを吸う以外は、手元を休めることもなく、切り進んでいく。時間の経過と共に、通常のサロンワークではまず見ることのできない、斬新なスタイルが現れ始めた…。

今回のワークショップで使用したウイッグは、マジックテープで毛束の着脱が可能な『DADA』オリジナルの製品（P040〜も同）。『DADA』が「立体裁断」と名づけたディコネクト・カットが容易に理解できるしくみになっているウイッグ。植村さんも吉田さんも、毛束は前日にセットしてある。吉田さんはこのウイッグを使用するのは、今回が初めて。「最初はちょっと迷ったけど、慣れるとすごく面白いね、これ」。

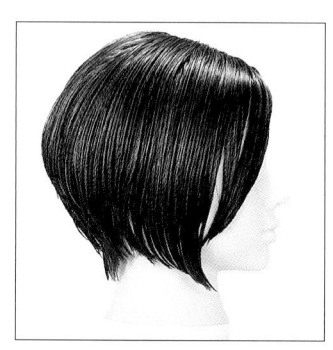

| Form Lesson **G** | Super Basic | Gradation Bob |

逆斜めセクション

1 オーバーダイレクションではなく、リフトアップしてしまうとラインに穴が空く

こちらはスライス線に対して、後方へのオーバーダイレクションをかけた例。バックに向かうに連れて、徐々にオーバーダイレクションの角度を小さくしている。66ページからのプロセスで紹介している、このスタイルの場合の正解例である。

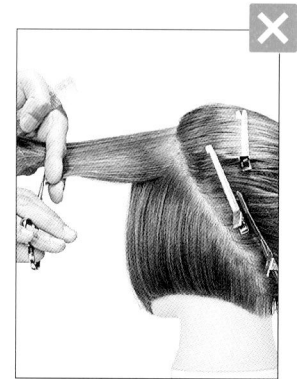

こちらはスライスに対して平行に引いて、リフトアップしてカットした例。こうなると、耳前のラインに穴が空いてしまう。ここでははっきりと分かるように、わざとフロントのパネルまで取ってカットしているため、完全に穴が空いてしまう状態になった。

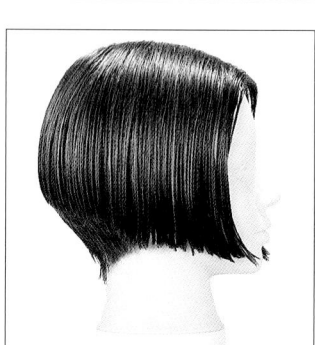

ラインに穴が空いていないか？ >>> **1**

●● グラデーションボブからマスターしてほしいこと

グラボブのフォルムをつくる上で欠かせないテクニックが、オーバーダイレクションです。ラウンドグラではリフティングによるGのつくり方を、このグラボブではオーバーダイレクションによるGをマスターしてください。今後は、Gのスタイルを見たときに、「このGはリフティング？ オーバーダイレクション？」と考えるクセをつけましょう。 さらにここでは、違うテクで同じスタイルをつくることにも挑戦しました。これによって、毛流の違いなどでセオリー通りのテクが使えなかった場合の応用が身につきますし、なによりもテクの合理性というものが分かったのではないでしょうか？ 一つのスタイルをつくるためのテクニックは無数にあります。厳密に言えば、そこには正解も間違いもありません。しかし最も合理的な（正確に切りやすい、計算しやすい）手法を選択できるようになるために、僕たち美容師は、カットの原理を知る必要があるのです。

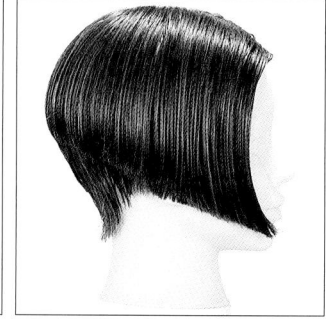

Gradation Bob | Super Basic | Form Lesson **G**

横セクション

1 一つのパネルの中で、フロント寄りはリフトダウン、バックよりはリフトアップする

横スライスで切ろうとする場合、スライス線に平行のままの引き出し方では、バックのGにスムースに繋がりにくい。そこでパネルを持つ指の操作でバックよりほど角度が上がっていくようにする。つまりパネルを持つ指の指先側を下げて、付け根側を上げていくようにするのだ。とはいえ、コントロールは難しい。このことからも、スライスはウエイトラインに平行に取った方が、カットしやすいことが分かる。

2 オーバーダイレクションでも、リフトアップでも段は入る

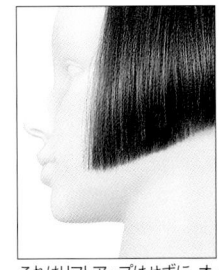

サイドとウエイトラインがきれいに繋がっているか？ >> 1

アウトラインがガタついていないか？ >> 2

これはリフトアップはせずに、オーバーダイレクションをかけてカットしている例。切り口を見てもらえば分かるが、アウトラインにGが入っている。シャープなアウトラインを望むこの場合には、適していないカットといえる。

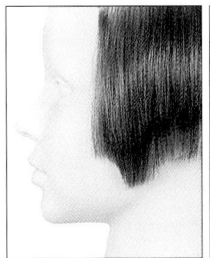

こちらはオーバーダイレクションはかけずに、リフトアップのみでカットしてる。L状になって大きく段がつくので、ラインに穴があいてしまった。もちろんNG。しかしこの場合に適さなかったというだけで、段はオーバーダイレクションでも、リフトアップでもつくのだということを知っておくのはとても重要だ。

縦セクション

1 オーバーダイレクションではなく、リフトアップしてしまうとラインに穴が空く

ラインに穴が空いていないか？ >>> 1

起こりがちな失敗としては、角度の上げ過ぎでラインに穴を空けてしまうこと。パネルをカットするときに必ずGのアングルになっているかどうかを確認しながら切り進む。骨格のどこのパーツを切っているかを常に把握しておかないと難しい。

縦スライスでカットするときは、髪の落ちる位置を考えて、正確な角度を導き出してからカットすることがとても大切。これは正しい角度の例。

| Form Lesson **G** | Super Basic | Gradation Bob |

4 スライス幅が厚すぎて、ガイドを切ってしまう

✗ スライス幅が厚すぎて、ガイドまで取ってしまっている例。このままカットするとガイドラインまで切ってしまうので、当然、アウトラインがどんどん狂ってきてしまう。

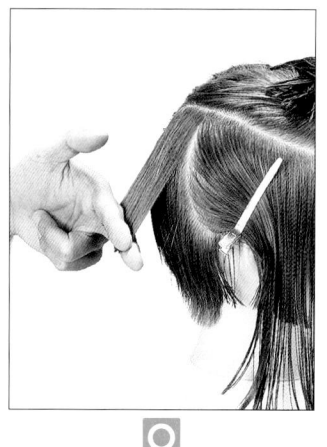

○ これまでの2つのテーマでも繰り返し述べたが、常に適正なスライス幅を取ることは、意外に重要なポイント。これがいいかげんなために、Gの面がガタついたり、ウエイトラインが狂ったりすることが少なくない。写真のように薄めのスライスを守ること。

2 オーバーダイレクションのかけ過ぎで長さが残る

✗ ここまでオーバーダイレクションをかけてしまうと、段差がついてしまい、シャープなアウトラインにならない。オーバーダイレクションが徐々に小さくなる、または大きくなる場合、その角度に一定の法則性は存在しない、と思ったほうがよい。頭の骨格によって変えていくものなので、初心者は1セクション切るごとにコーミングして、確認しながら進むようにしたい。

○ フロントサイドは、アウトラインのシャープさが欲しいので、オーバーダイレクションも、リフトアップもほとんどせずにカットする。もちろん、オーバーセクションのスライスは、ウエイトラインに平行にする。

5 オーバーダイレクションをかけ過ぎると、ウエイトを削る

✗ これも繰り返し述べるが、オーバーダイレクションのかけ方の違いで、ウエイトラインやアウトラインが変わってきてしまうという例。望むラインに繋がるように常にチェックしながら、オーバーダイレクションをかけていくこと。これは後方にかけ過ぎてしまっている例。このままではウエイトラインが削れる。

3 リフトアップのし過ぎで、アウトラインがソフトになってしまった

✗ これもリフトアップしすぎの例。アウトラインがソフトになるし、インターナルがGというよりもLに近くなっているので、フォルムが変わってくる。

✗ これは求めるアウトラインに対して、リフトアップしすぎてしまった例。リフトアップすればするほど、切り口に段差がつくので、比例してアウトラインの印象はどんどんソフトになっていく。この場合はシャープなアウトラインを残したいので、これはNG。

Gradation Bob　　Super Basic　　Form Lesson **G**

:: Check! ::

失敗？やり直し!?の前に
ここをチェックしてみよう

Prototype

**シャープなアウトライン
になっているか？**
1　2　3

**左右のバランスは
正確か？**
どんなカットであっても、左右どちらかは切りにくい方向があって当然だ。自分で切りにくいという自覚のある側は、繊細なチェックと、正確に切れるようになるまで繰り返し練習することしかない。頑張ろう！

**正しいウエイトラインに
なっているか？**
1　5

**なめらかな
Gがついているか？**
2　4

1　オーバーダイレクションのかけ過ぎて重さが残ってしまう

しかし失敗も多いのがこのネープ部分。オーバーダイレクションのかけ過ぎ、というミスが多い。このように後方に引きすぎてしまうと、長さが残ってしまい、ウエイトラインが重くなる。各セクションとも必ず切り上がりを確認してから進んでいくことが大切。

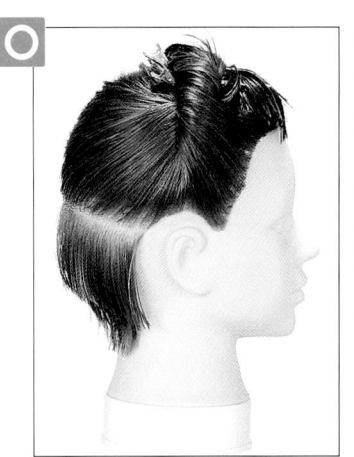

このグラボブのウエイトラインをつくるポイントは、オーバーダイレクションのかけ方。これはアンダーセクションで正しい角度にオーバーダイレクションがかかっている例と、その切り上がり。

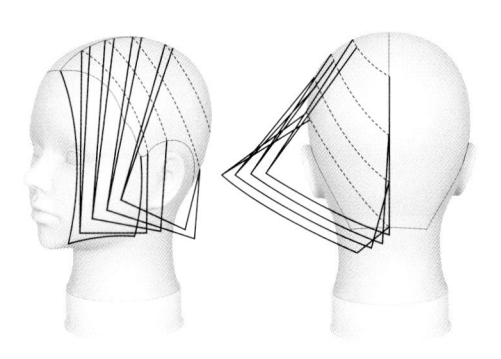

Form Lesson **G** | Super Basic | Gradation Bob

15
12と同様にカット。徐々にリフトアップされてくる。

14
11と同じ角度を保つリフトダウンと、オーバーダイレクションでカットしていく。

13
ネープではこのような角度になる。

12
アンダーセクションは正中線にむかうほどリフトアップ。

11
8と同様にリフトダウン。オーバーセクションは、自分の身体側に引くような感覚でオーバーダイレクションをかけるとよい。

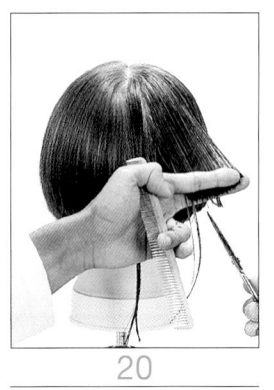

20
最終セクションのみは、ポイントカットでラインをぼかす。

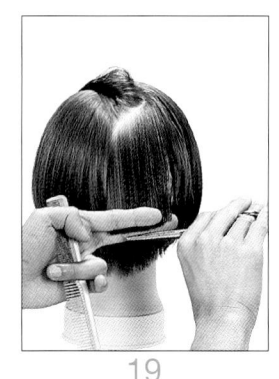

19
正中線ではリフトアップ。

18
同様に徐々に角度を上げつつ、バックに向かう。

17
14と同様にリフトダウンとオーバーダイレクションでカット。

16
13と同様にリフトアップしてカット。

Gradation Bob | Super Basic | Form Lesson **G**

違う手順で同じスタイルを切ってみよう 03

Variation
逆斜めセクション

縦と横セクションで切ってみることで、インターナルの構造がより理解できたのではないでしょうか？「求める形に対して合理的なセクショニングとは何か」が、だいぶつかめてきましたか？ さあ、最後は基本形の斜めセクションとは逆の斜めセクションで切ってみましょう。パネルがLになりやすいので注意。

GRADATION BOB VARIATION

<<<<<<

05
次のセクションも同様に、リフトアップしながら、後方にオーバーダイレクションセクションをかける。

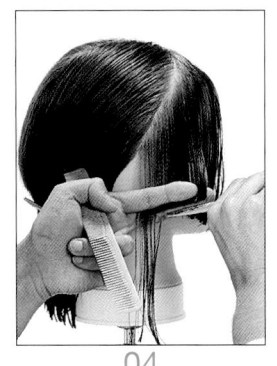

04
パネルを持つ指の付け根側が内側に回りこんでいることに注意。パネルの前側の角度は上がり、後ろ側ほど下がっていることになる。後ろほどGの角度が小さくなり、ウエイトが下がる。

03
第2セクションからはリフトアップと後方へのオーバーダイレクションをかけていく。

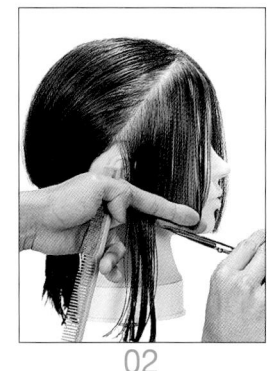

02
ヘムラインに沿った斜めセクションを設定し、フロントから前下がりのラインでカットしていく。この第1セクションで、サイドのアウトラインとウエイトポイントが決まってしまうので、慎重に。

01
これまでと同様に、左サイドはすでに仕上げてある。右サイドを基本形とは逆の斜めセクションで切っていく。

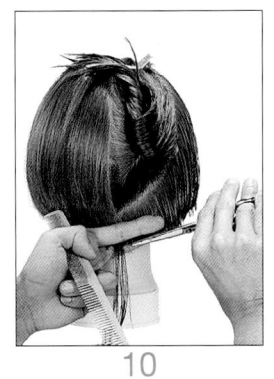

10
常に角度を意識して、ネープまで切り進むこと。正中線に向かうほど、リフトアップになる。

09
徐々にリフトアップ。ついパネルを持つ指の付け根側の角度を外に向けてしまい、GではなくLになってしまうミスを起こしがちなので注意。

08
前下がりなので基本形とはオーバーダイレクションの進行順序が逆になる。常に正中線に向かって内側に入り込むように切り込んでいくのがポイント。ただし角度は一つ前をキープしたリフトダウン。

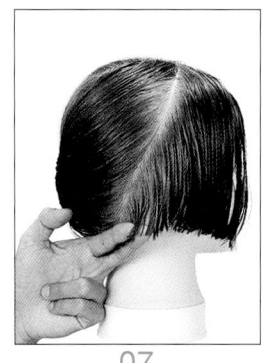

07
バックセンターではこのような角度になる。

06
パネルを持つ指を内側に回しこんでいるので、ネープが短くなってきているのがわかる。

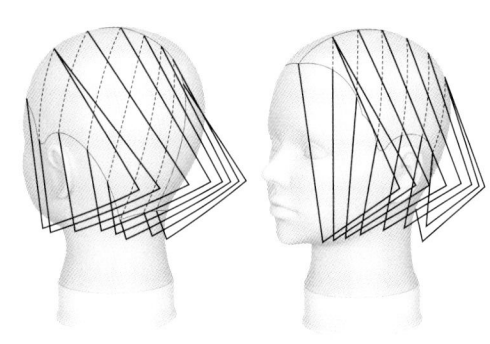

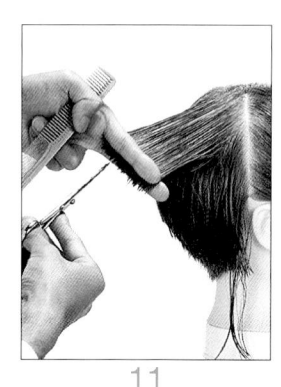

| Form Lesson **G** | Super Basic | Gradation Bob |

15
そしてアンダーセクションは思い切りリフトダウンさせている。

14
オーバーセクションはリフトアップと共に、かなりのオーバーダイレクションがかかっていることがわかる。

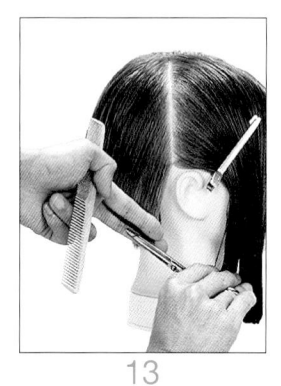

13
10と同様に下まで繋げていく。リフトダウンされることになる。

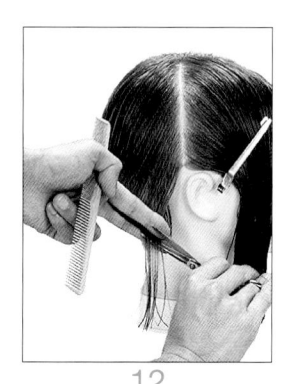

12
9と同様に下まで繋げていく。

11
前になるほど、さらに大きく後ろに引くオーバーダイレクションがかかってくる。8と比較してみよう。

20
最終セクションのフロントは0度までリフトダウン。

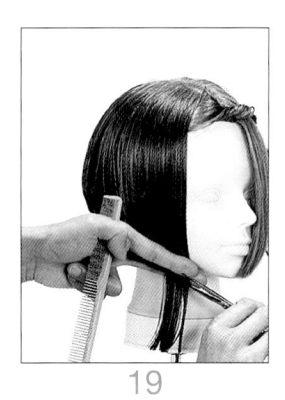

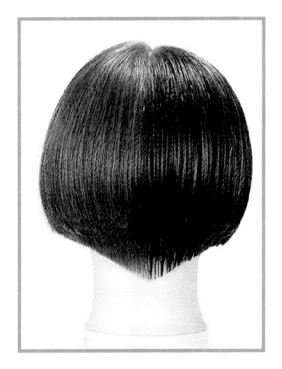

19
最後は0度にまでリフトダウンさせる。

18
きちんと繋がっていくリフティングを確認しながらカット。

17
アウトラインに近づくに連れて、徐々に角度を下げて、

16
フロント側も同様に、リフトアップ〜ダウンでカットしていく。

Gradation Bob | Super Basic | Form Lesson **G**

違うテクで同じスタイルを切ってみよう 02

Variation
縦セクション

横セクションはどうでしたか？ パーツによって、コントロールしやすい部分としにくい部分の、両方があったのではないでしょうか？ 今度は縦セクションで切ってみましょう。耳後ろまでは比較的簡単ですが、耳から前は非常に難しいはずです。それはなぜか？ 理由を考えてみてください。

GRADATION BOB VARIATION

<<<<<<

05
第2セクションからは、後方へのオーバーダイレクションとリフティングが加わる。上のセクションはリフトアップでスタート。

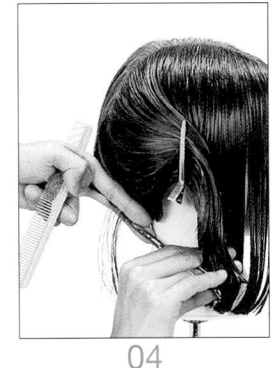

04
ネープの一番下まで繋げる。これがGのガイドになる。

03
そのままネープに向かって繋げていく。指の角度を間違えないように注意。

02
バックの正中線上から縦スライスで引き出し、Gの角度を決める。

01
前ページと同様に、左サイドはすでに仕上げてある。右サイドを縦セクションのテクニックで切り、同じ形にしていく。

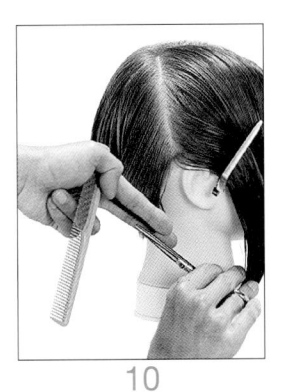

10
07よりさらにリフトダウンされることになる。耳後ろのあたりからオーバーダイレクションの角度が狂いやすくなるので注意。

09
オーバーダイレクションの角度をキープしながら下まで繋げる。

08
リフトアップだが、前よりになればなるほど、オーバーダイレクションの角度が大きくなる。つまりより後ろに引っ張られていることになる。

07
下のセクションではリフトダウンとなる。ネープまできちんと繋がるように、角度を保つことが大切。

06
05から徐々に角度を下げながら、ネープまで繋げていく。

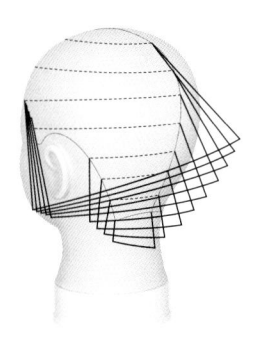

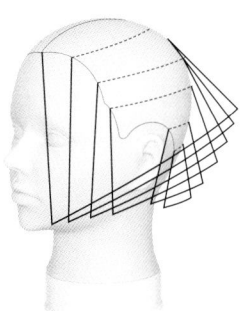

Form Lesson G

Super Basic　　Gradation Bob

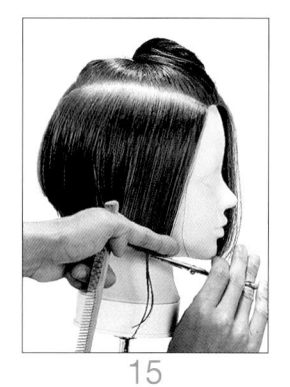

15
12と同様に、フロントサイドだけは0度のまま、軽く後方へオーバーダイレクションをかける。

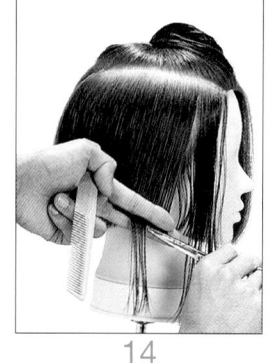

14
10～11と同様に徐々にリフトダウンさせていく。

13
その上からは再び、オーバーダイレクションはかけずに、一つ下のセクションに合わせたリフトダウンでカット。

12
一度アウトラインをカットした後、再び軽くオーバーダイレクションをかける。そのままストレートに落としただけだと、ラインが強く出すぎて、ステップボブの印象が強まるため。

11
フロントサイドではほぼ真下に引いてカット。

20
最終セクションのフロントのみは真下に引いてカットし、アウトラインに繋げる。

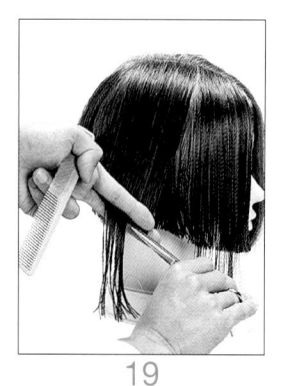

19
これまでと同様に、サイドに向かうにつれて徐々にリフトダウンさせる。

18
最終セクション。つむじ周辺は放射状に毛が動くので、ここはポイントカットで毛先のなじみを良くする。

17
アウトラインとなるフロントのみ、真下に引いてカットし、アウトラインを繋げる。

16
同様に、一つ下のセクションに合わせてリフトダウンでカット。

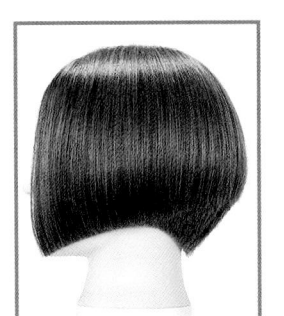

Gradation Bob | Super Basic | Form Lesson **G**

違うテクで同じスタイルを切ってみよう 01

Variation
横セクション

GRADATION BOB VARIATION

最後は、基本とほぼ同じ形を、違うテクニックで切っていくトレーニング。違う切り方をしてみることで、基本の切り方の合理性が理解できると共に、基本をどのくらいマスターしたかがわかります。一見、無駄な練習のように感じるかもしれませんが、このトレーニングでかなりの応用力が養われます。

<<<<<<<

05
横から見るとこのような角度になる。正中線側の指の角度が上がっていることに注目。これによって横スライスでも前下がりのGがつく。

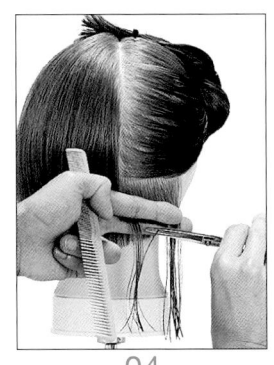

04
ここから上のセクションは、後方にオーバーダイレクションをかけつつ、正中線側をリフトアップしていく。

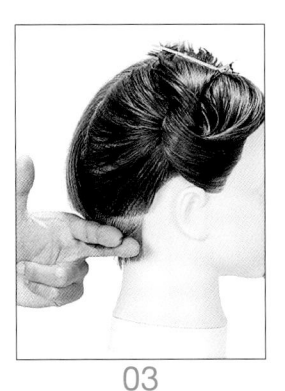

03
これがガイドになる。

02
バックの正中線上から横スライスで、ネープのアウトラインに合わせた前上がりの角度で引き出し、指1本分の高さでカット。

01
左サイドは基本形とほぼ同じ、前下がりのグラボブを、斜めセクションで切ってある。これから逆サイドを、横セクションのテクで、同じ形につくっていく。

10
サイドになるにしたがって、さらに徐々にリフトダウンさせてカット。

09
その上のセクションもオーバーダイレクションをかけずに、ウエイトラインに合わせた位置で、リフトダウンでカットしていく。

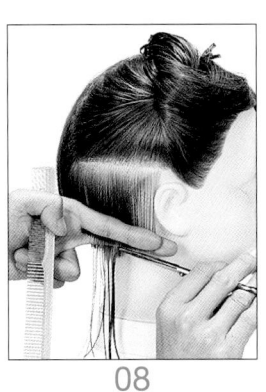

08
耳後ろは前下がりのラインに、リフトダウンでカット。

07
ここもオーバーダイレクションをかけない。横スライスは下から積み重なってウエイトができるので、オーバーダイレクションをかけ続けると、ウエイトラインが変わってしまう。

06
05でつくられたラインに合わせて、リフトアップしてカット。ただしここは、05でできたウエイトラインをキープするために、オーバーダイレクションをかけない。

Form Lesson G | Super Basic | Gradation Bob

Variation_03

Gradation Bob | Super Basic | Form Lesson **G**

同じ手順で違うスタイルを切ってみよう 03

Variation

ローグラデーションのグラボブですが、意外に苦戦するかもしれません。テクニックはシンプルなのに、なぜか？実はトレーニングを積んでいると、ちょうどこの頃に「ついリフトアップし過ぎる」という「手癖」が生まれがちなのです。これはそれを矯正し、常にリフティングがかけられるようになるためのレッスンです。

<<<<<<<

05
サイドに向かうにつれて、オーバーダイレクションを小さくし、さらにリフトダウンしていく。フロント側では、オーバーダイレクションはほとんどなくなる。

04
第4セクション。ここからは後方へややオーバーダイレクションをかけて、リフトダウンでカット。

03
ネープの切り上がり。切り込んだGの角度が大きく、リフトダウンしているので、かなり低いウエイトラインになっている。

02
このような角度になる。次からはこれをガイドに、すべてリフトダウンでカットしていく。

01
バックは基本形と同じハの字セクションを取る。バックの正中線上から引き出し、Gの角度を決めてカットする。ここでは角度の大きいGにしている。

10
フロントまで同様に切り進む。

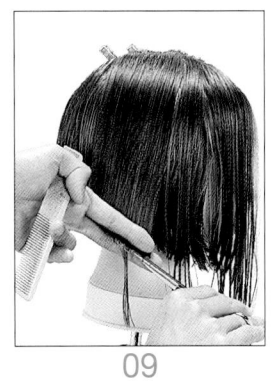

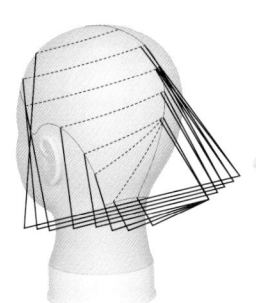

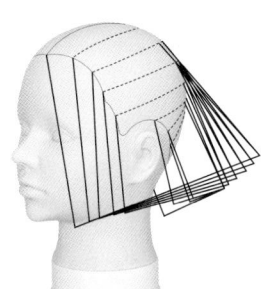

09
最終セクション。ここは頭の丸みに沿わせたコーミングで。同様にリフトダウンを保ってカット。

08
このあたりになると、ウエイトラインと、ワンレングスに近いサイドのアウトラインがかなりはっきりと現れてくる。

07
サイド〜フロントにかけては、05と同様にカット。

06
その上のセクションもリフトダウンと後方へのオーバーダイレクション。

| Form Lesson **G** | Super Basic | Gradation Bob |

Gradation bob

Variation_02

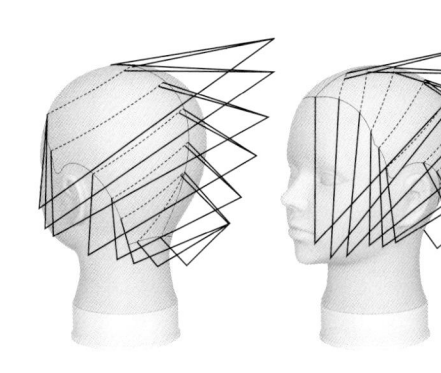

Gradation Bob | Super Basic | Form Lesson **G**

Variation
同じ手順で違うスタイルを切ってみよう 02

今までのはっきりしたウエイトラインがここでは緩やかになり、レイヤーボブに似たスタイルになっています。これは、実は耳後ろあたりからLの構造になっているため。しかしグラボブ特有の立体感は残っていますね。ここではリフティングの仕方でGからLに移行させるテクニックで、立体感を出すことを覚えましょう。

<<<<<<<

05 サイドに向かって、リフトアップとオーバーダイレクションをかけたまま進む。このあたりのパネルは完全にL状。

04 サイドに繋げていく。バックではかなりリフトアップして、後方へオーバーダイレクションをかけている。セクションはウエイトラインに合わせて、縦に近い斜めライン。パネルはL状になる。

03 このように前下がりのウエイトラインができてくる。

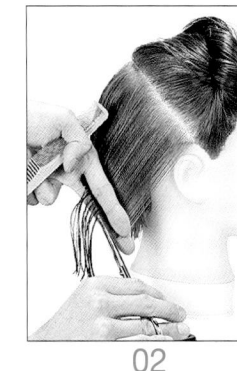

02 第5セクション。リフトアップと後方へのオーバーダイレクションかけているため、パネルはL状になってきている。ただしサイドに向かうに連れて、徐々にリフトダウンさせている。

01 基本形とP57の中間ぐらいの位置に、ハの字セクションを取る。正中線上でGの角度を決めてカット。第1パネルは慎重に角度を決めること。ここから上はオーバーダイレクションをかける。

10 右サイドと同様、ウエイトラインとアウトラインが繋がったら、徐々にリフトアップして、インターナルをL状にカットしていく。

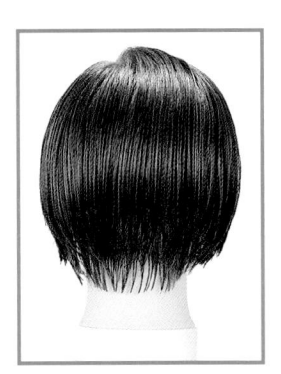

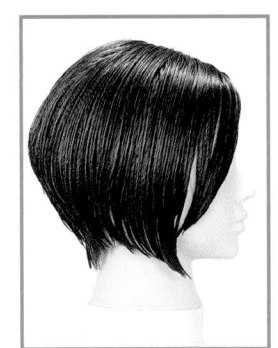

09 バックはリフトアップするが、サイドの最初のセクションはアウトラインになるため、オーバーダイレクションをかけたままリフトダウンしてカットすると、このようなラインになる。

08 逆サイドも同様にカット。バックからサイドまでをオーバーダイレクションできれいに繋げること。

07 最終セクションではオンベースに近いくらいまでリフトアップする。

06 第7セクションの角度。このあたりではかなりリフトアップしている。

058_technique

| Form Lesson **G** | Super Basic | Gradation Bob |

Variation_01

Gradation Bob | Super Basic | Form Lesson **G**

01 同じ手順で違うスタイルを切ってみよう

Variation

今度のスタイルは基本形よりもウエイトポイントが高く、さらに鋭角的な前下がりのラインになっています。テクニックの手順は同じですが、バックの正中線から入れていくGの角度が、基本形よりも小さくなっていることが特徴。Gの角度が変わると、どこをどう変化させていくことになるのか？ ここではそれをレッスンしていきましょう。

<<<<<<

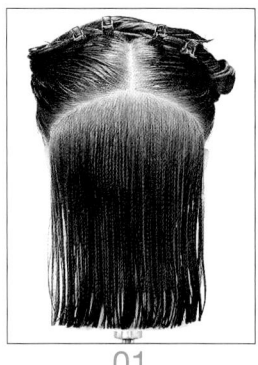

01
Beforeは水平のワンレングス。基本形より上の位置でハの字セクションを取っていることに注意。基本的にGの角度が小さくなるほど、セクションラインを上にしたほうが、失敗しにくい。

02
基本形と同様に、バックの正中線上からスタート。第1パネルでGの角度は決まってしまうので、ここは非常に重要。求めるウエイトラインに合わせて、Gの角度を正確に決めてカットする。

03
第1パネルで設定したGの角度。第2セクションはここに合わせて、ほぼオンベースでカットしていく。

04
第3セクション。基本形と違って、ここからはリフトアップさせていく。

05
ネープの切り上がり。途中からリフトアップさせている分、ウエイトラインが上がっている。

06
第5セクション。ここからはリフトアップに加えて、後ろへのオーバーダイレクションをかけていく。

07
基本形と同様に、サイドになるにしたがってオーバーダイレクションを小さくし、リフトの角度も下げる。

08
フロント側はオーバーダイレクションを小さくし、リフトダウンさせる。ここも基本形と同様の構成。

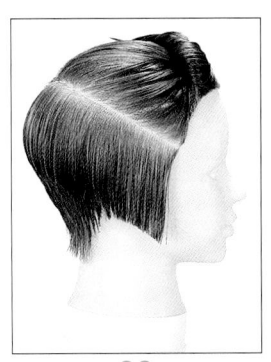

09
バックはリフトアップでウエイトラインが上がり、フロント側はリフトダウンさせたため、アウトラインがシャープになっている。

10
この要領で、最終セクションまでバックは後方へのオーバーダイレクションとリフトアップ、フロントに向かうにつれてオーバーダイレクションを小さくし、リフトダウンでカットしていく。

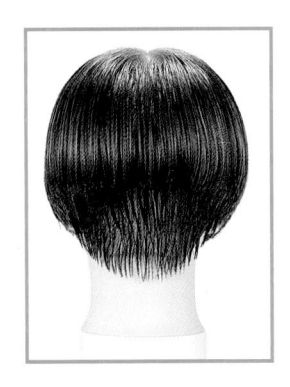

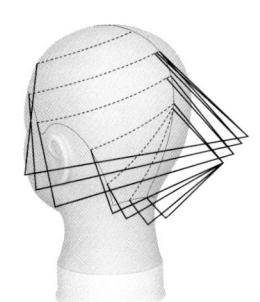

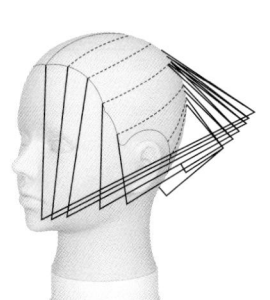

FORM LESSON G contents

Technique Section
テクニック編

INTRODUCTION

ヘアデザインはGとLからできている	T 002
Gってなに？　Lってなに？	T 006
GとLと頭の丸みの関係	T 008
ここからのテクニックページはこう使って欲しい	T 010

TECHNIQUE I／LAYERED BOB

レイヤーボブの基本形	T 012
同じ手順で違うスタイルを切ってみよう1	T 020
同じ手順で違うスタイルを切ってみよう2	T 022
同じ手順で違うスタイルを切ってみよう3	T 024
ここをチェックしてみよう	T 026

TECHNIQUE II／ROUND GRADATION

ラウンドグラデーションの基本形	T 030
同じ手順で違うスタイルを切ってみよう1	T 038
同じ手順で違うスタイルを切ってみよう2	T 040
同じ手順で違うスタイルを切ってみよう3	T 042
ここをチェックしてみよう	T 044

TECHNIQUE III／GRADATION BOB

グラデーションボブの基本形	T 048
同じ手順で違うスタイルを切ってみよう1	T 056
同じ手順で違うスタイルを切ってみよう2	T 058
同じ手順で違うスタイルを切ってみよう3	T 060
違うテクニックで同じスタイルを切ってみよう1	T 062
違うテクニックで同じスタイルを切ってみよう1	T 064
違うテクニックで同じスタイルを切ってみよう1	T 066
ここをチェックしてみよう	T 068

TRY THE WORKSHOP FOR TECHNIQUE — T 072

Design Section

INTRODUCTION	D 002
Gの進化論	D 004
Gのスタンダード	D 010
Gの現在	D 018
Gの可能性	D 028
ANOTHER ANGLE	D 038
TRY THE WORKSHOP FOR DESIGN	D 040
DESIGNER'S MESSAGE	D 044

この3つの スタイルの違いって なんだろう？

ここに並んだ3つのマッシュルームボブは、正面から見ると一見、とてもよく似ていますね。しかしインターナル（内部）の構造は、まったく違っているのです。また、そのインターナルに合わせて、バックのフォルムは3つとも変えています。

ではこれら3つのスタイルは、どのようなインターナルになっているのでしょうか？ T004ページではサイドやバック、展開図も示していますが、まずは正面からじっくりと観察してみましょう。インターナルの違いが、少しですが形に現れています。さあ、よく目を凝らしてみてください！ そしてそこから想像してみましょう！

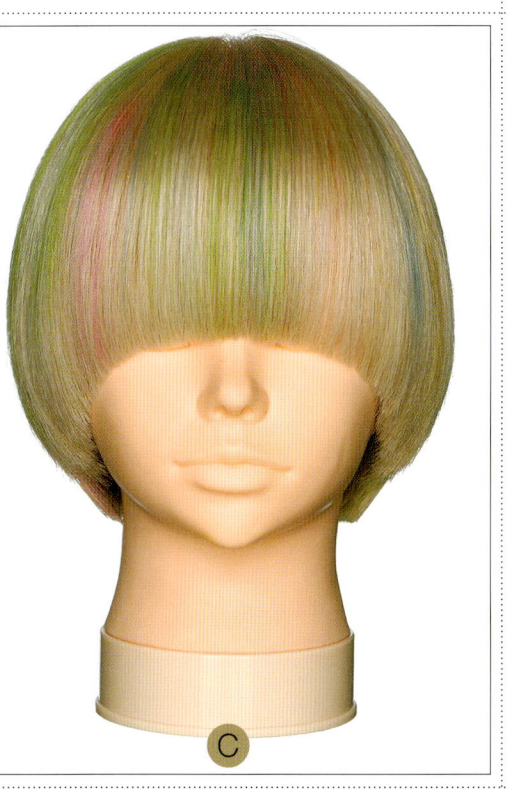

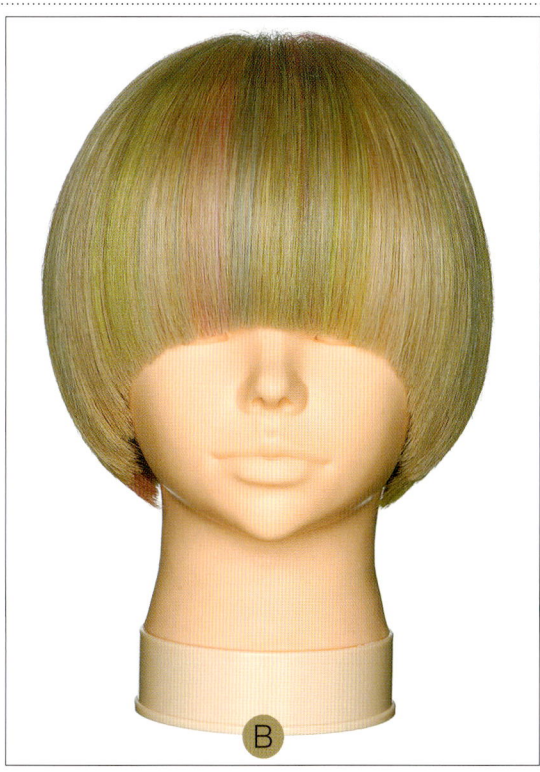

Ⓒ

Ⓑ

Ⓐ

What is Different?

一番フラットな形に見えるのはどれ？

アウトラインに厚みと丸みが 一番あるのは？

逆に厚みと丸みが一番少ないのは？

| Introduction |01*|

ヘアデザインは**G**（グラデーション）と
L（レイヤー）からできている

これはG＝グラデーションのカットを
徹底的にトレーニングしていく本です

この本をこちら（右）側から開くと、Gのカット・トレーニングブックになります。

Gとはもちろんグラデーションのこと。ではなぜ、わざわざ「G」と呼び換えているのか？ それは僕たち美容師にとって、グラデーションという言葉は、テクニックと同時にスタイルも連想させるからです。確かにグラデーションボブやサイドグラデーションと聞いたら「あ、あのスタイルね」と形を浮かべる人が多いのでは？ しかしローグラデーション、セニンググラデーションのようにテクニックそのものを指すこともありますね？

ここで問題なのは、グラデーションと聞いたときに、自動的に1つのスタイル、1つのテクニックを浮かべてしまうことです。グラデーションボブと聞いた瞬間、1つの形とその切り方を想像する。これはスタイルの名前とそのテクニックがセットになってしまい、デザインの発展性をなくしてしまった状態だと思います。

しかしグラデーションボブの「グラデーション」を、テクニックであると解釈すれば、そのテクを用いたボブ系のスタイルとして、実にたくさんのデザインが発想できますよね。レイヤーを組み合わせれば、さらに幅が広がるはずです。

ですからこの本では、スタイルではなく「テクニックとしてのグラデーション」を指す意味で「G」という言葉を使っています。Gはグラデーションのテクニックと状態（インターナルやグラの幅、形など）を指します。レイヤーも同様に「L」に置き換えました。

すべてのスタイルは、ワンレングスを除けば、GとLで構成されています。言い換えれば、GとLをそれぞれしっかりコントロールできれば、形は自由自在につくり出せるということです。

さあ、この本でまずは「G」を徹底的にトレーニングしていきましょう！ フォルムの中でもウエイトをつくる役割を果たすGは、スタイル自体をドラマティックに変化させていきます。Gを使いこなすことは、デザインの幅を根本から広げていくことになるのです。

Introduction |01*

:: Aの構造 ::

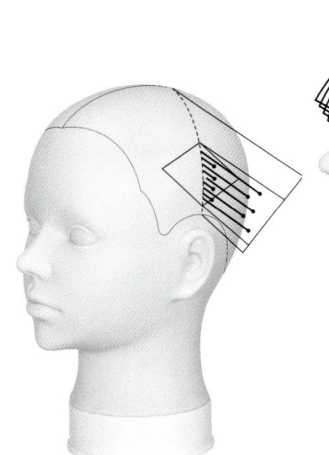

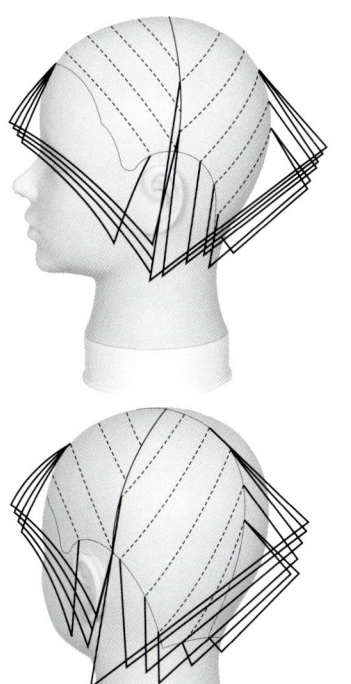

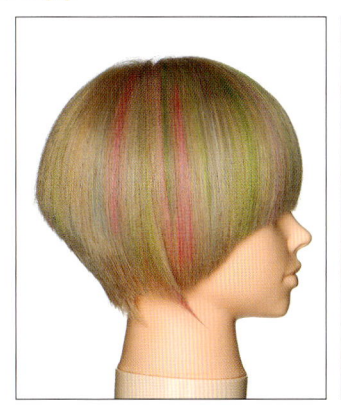

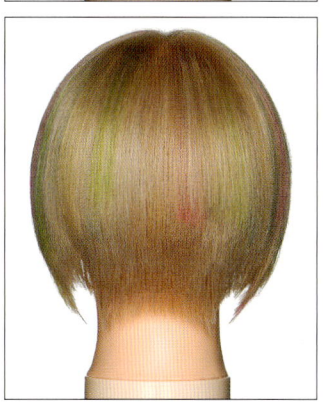

正面から見たときに、3つの中で一番フラットな印象がある。ベースはGであることが、バックのウエイトポイントを見ると分かる。しかしはっきりしたウエイトポイントのわりに、ウエイトラインは柔らかい。パネルを引き出してみると、インターナルにはセニングレイヤーとルーツセニングがたくさん入っている。特に中間部分(耳上付近)はひし形状にかなりたくさん削がれていて、それがウエイトラインの柔らかさに繋がっている。

インターナル

:: Bの構造 ::

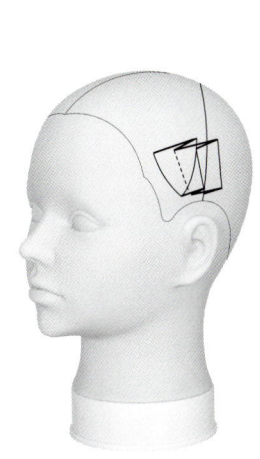

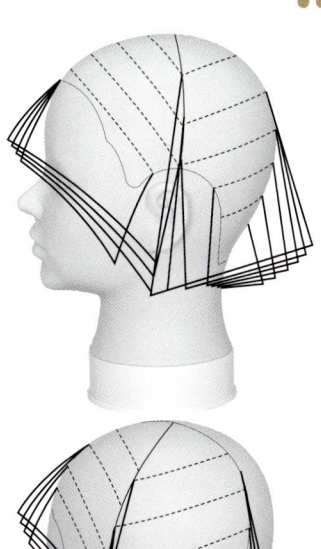

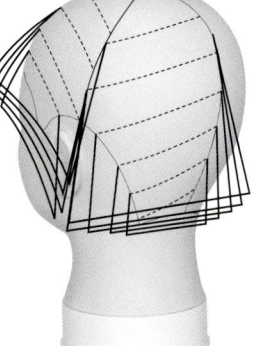

正面から見ると、アウトラインの厚みとフォルムの丸みがAとCの中間ぐらいの印象。これは3セクションでカットされているのだが、耳後ろのGの中間部分をLで抜いている構造。バックのぼんのくぼ付近はGのままである。横と真後ろを比べると分かるはず。毛量が削れている部分はAよりやや小さい面積のひし形状。ただしこちらはブラントで取ってあるため厚みが残り、鋭角的なGのウエイトラインを保っている。

インターナル

:: Cの構造 ::

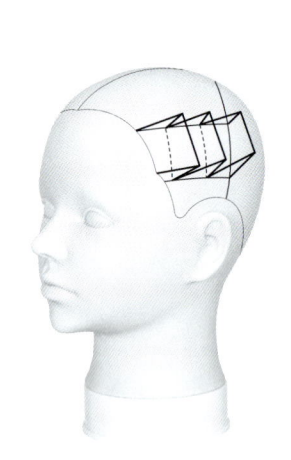

この3つの中では一番、アウトラインに厚みが残り、フォルムに丸さがある。オーバーセクションの最上部はL、中間部はセイムレイヤー、アンダーセクションは実はLなのだが、インターナルを見ると、GからLに移行し、再びGに戻っている。Bと同様、耳上部分をひし形に抜いている状態。こうすることで下に厚みが残るが、シルエットはコンパクトに収まる。バックはAやBと違って、ワンレングスに近い重いG。

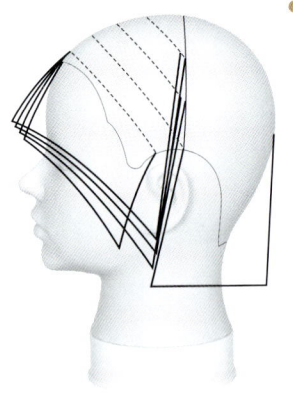

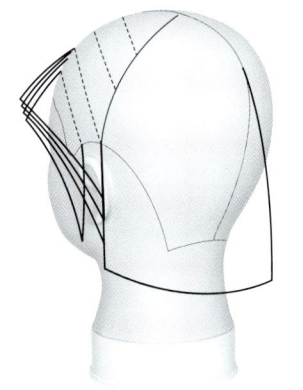

インターナル

:: Message ::

　一見同じに見えるスタイルも、まったく違ったインターナルの構造を持っていることがあるとわかりましたね。GとLを使いこなせると、同じスタイルを違うテクニックでつくることができるし、逆に同じテクでまったく違ったスタイルをつくりだすこともできるのです。これは何を意味するのでしょうか？　単にデザイン的なバリエーションを生み出すだけではありません。骨格や髪質による違いに、柔軟に対応できるようになる、すなわち、「応用力」となるわけです。
大切なのは、あるスタイルを見たときにすぐに、GとLの構造に分けられるようになること。これはつまり、頭の中で展開図を起こしていることになります。スタイルを見たら、展開図を描いて見ることからはじめましょう。これは美容師として重要なトレーニングの一つです。

Introduction |02*

What's the gradation?
Gってなに？

ここではペーパーモデルを使って、GとLの基本的な構造を理解します。
ここで大切なのは、GとLと頭の丸みの関係を再確認することです。

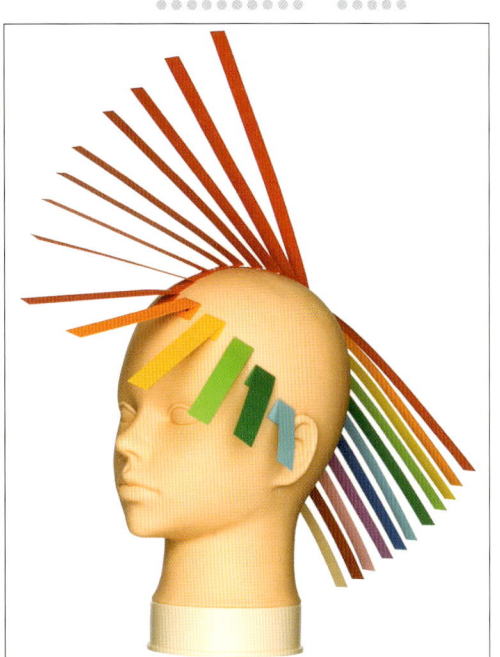

全体の構成がG

これは頭全体をG構成にして、そのパネルを引き出してみた状態。バックの段差、トップからフロントにかけての段差、フロントからサイドにかけての段差はすべて上が長くて下が短く、すなわちGの構成になっている。

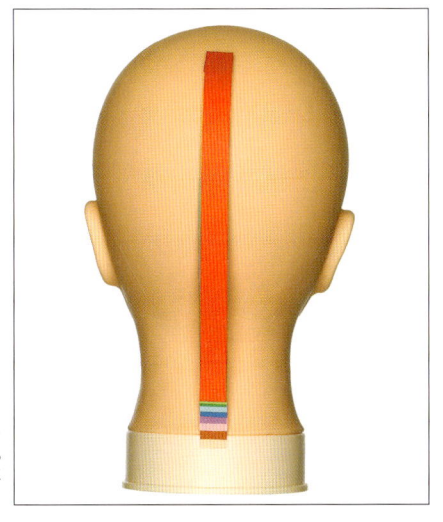

落ちた状態

バックセクションのすべてのパネルを、真下に落としてみた状態。段差はLに比べると小さいものになる。

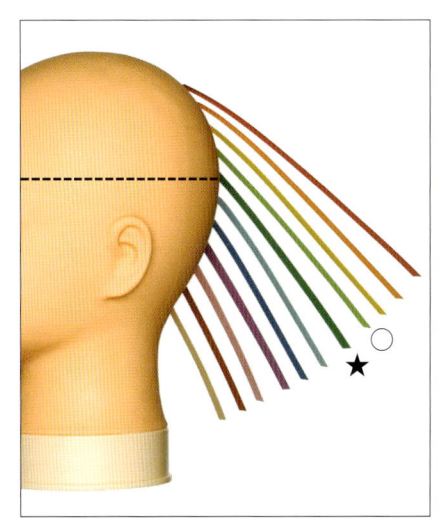

バックセクションで見た場合

バックのみを取り出して見た場合。注目してほしいのは骨格の傾斜とペーパーの長さの関係である。このようになだらかなGの線を描くためには、骨が最も出ている点を境に、頭の傾斜が逆になることを計算して、パネル（ペーパー）の長さを設定していかなければならない。

∷ Gの特徴 ∷

Gの形状とは、上が長くて下が短い状態。それでは垂直面に対して落ちたときには当然、上の毛が下の毛に覆い被さってしまいますが、頭の骨格は傾斜しているため、段差となって現れます。その頭の斜面に対して、どういう角度のパネルが並んでいるのかで、Gの幅や形が違ってきます。頭は後頭部の最も出ている部分を境に、斜面方向が逆転しますね。仮に★のパネルと同じ長さのペーパーを、その1つ上（○）に張ったとしたら、今度はL状に転じてくるはずです。つまり同じ長さのペーパーであっても、頭のどの位置に貼り付けるかで、落ちる位置がまったく違ってくるということ。このことはトップからフロントの骨格の斜面にもいえます。デザイン上においてのGは、重さ、丸さ、ウエイトを生み出す役割を持つテクニックです。

006_ technique

What's the layer?
Lってなに？

今度はL状のペーパーモデルを見てみます。全体の形を把握したら、
今度はバック、トップ、サイドセクションとパーツごとにGと見比べてみましょう。

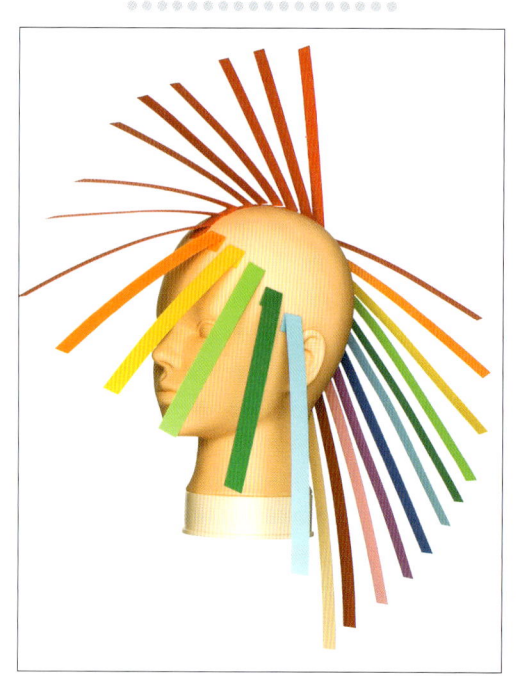

全体の構成がL

分かりやすくするために、Gよりもペーパーを長めに設定。全体をLの構成にして、すべてのパネルを引き出してみた状態。Gとは逆に、上が短く下が長いLの構成になっている。

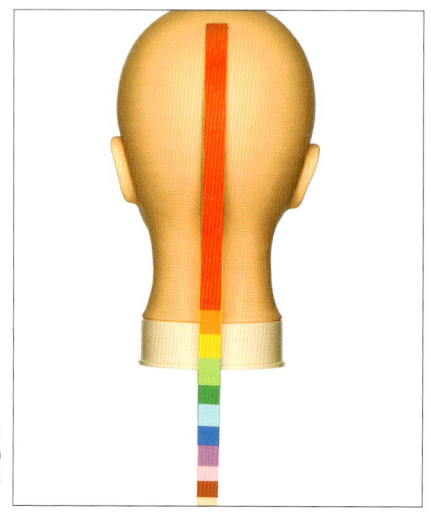

落ちた状態

バックセクションのパネルをすべて真下に落としてみた状態。Gと比べてみると、段差の幅が広い。

バックセクションで見た場合

頭頂部の一番出ている部分(★)を境に、パネルのアウトラインの傾斜が骨格同様に逆転しているのが分かる。ペーパーの長さは上にいくほど順に短くなっているのだが、頭の骨格の関係で、★から上はより急角度の傾斜がついているように見える。

:: Lの特徴 ::

Gとは逆に、上が短く下が長いのがLのインターナルの構造。垂直面に対しても、真下に落ちたときには段差になって現れます。さらに頭の斜面の位置によっては、その段差ははっきりとしてきて、特にオーバーセクションにおけるLとGの違いはかなり鮮明となります。しかしGよりも幅の広い段差がつく分、ウエイトラインはぼけて縦に長くなります。スタイルにおいては、この段差を利用して、髪の動きや毛流れをつくる働きがあります。髪は短いほうから長いほうに向かって流れるので、Lはこの性質を利用しやすいのです。これらのことからGとLは、性質的に対極にあるといえます。またすべてのパネルの長さが同じであるものはセイムレイヤーと呼ばれ、Lの一種となりますが、これは頭の丸みの関係上、やはりL状の段差が生まれてくるからです。

Introduction |03*

GとLと頭の丸みの関係

GとLを知る上で忘れてはならないのが、頭の丸み（傾斜）との関係。これによってオーバーセクションでは、GとLの性質が逆転していく場合があるからです。ここでは1つのウイッグを頭の丸みに沿って動かしてみる実験と、ペーパーモデルでその関係性を解説していきます。

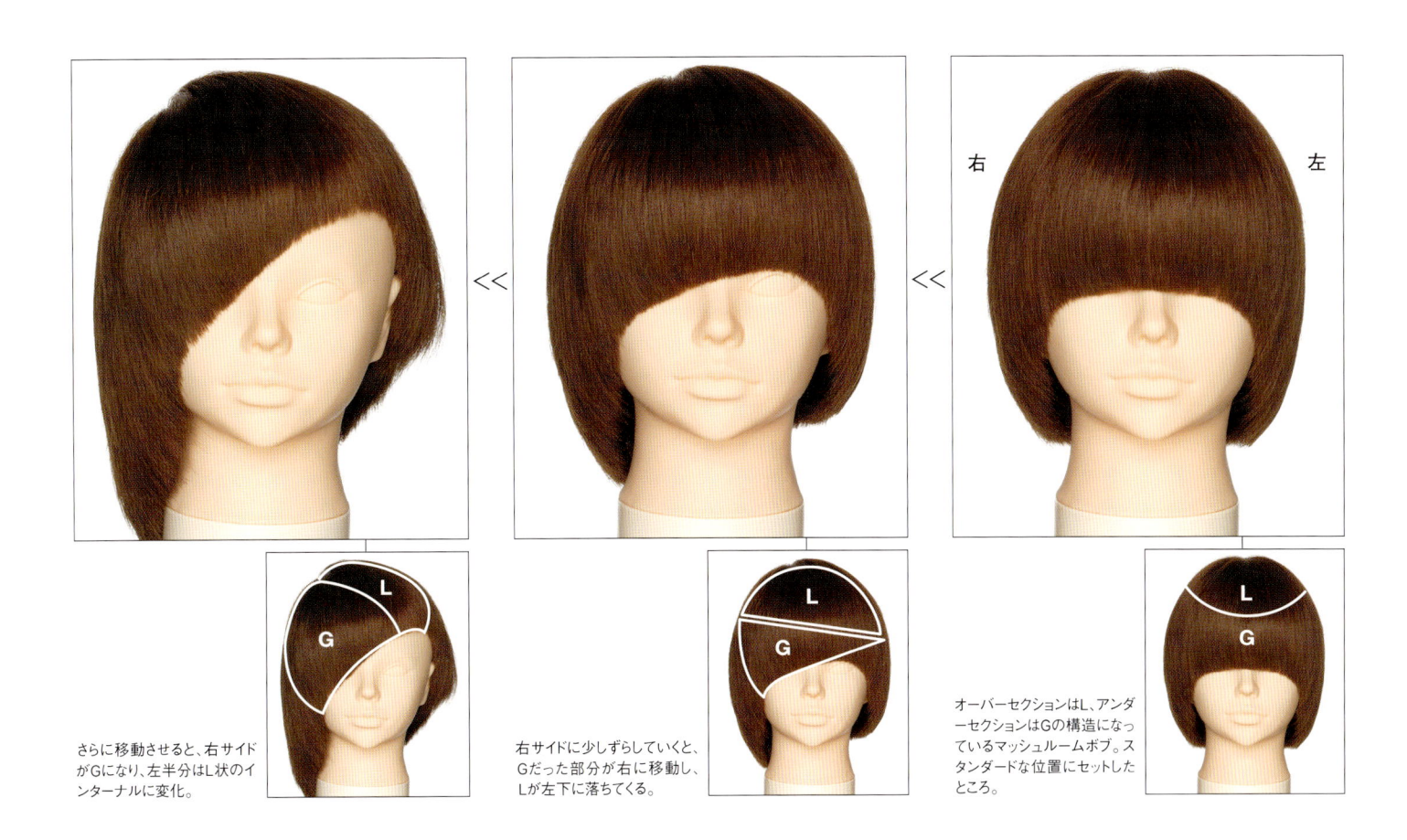

さらに移動させると、右サイドがGになり、左半分がL状のインターナルに変化。

右サイドに少しずらしていくと、Gだった部分が右に移動し、Lが左下に落ちてくる。

オーバーセクションはL、アンダーセクションはGの構造になっているマッシュルームボブ。スタンダードな位置にセットしたところ。

∷ 横方向への流れで見た場合 ∷

Lの構造

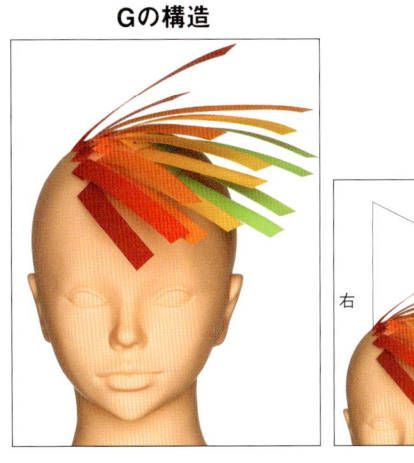

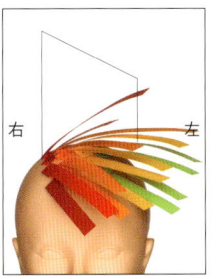

Gの構造

Gは真上に引き出すとパート際の長さが一番長く、左サイドに向かうほど短くなるインターナルをしている。つまり7:3パートの左側がGの構造。これを左に流そうとしても、G状の段差になり、流れにくい。Lはパート際が一番短くて、左サイドに向かうにつれて長くなる、正面から見たときにLの構造をしている。これを左側に流してみると、段差が幅広いL状の重なりになるために、流れやすい。髪は短いほうから長いほうへ流れるという性質が現れている。つまり横方向に流した場合は、GとLのもともとの性質は変わらないといえる。

ウイッグ提供/フォンテーヌ(株)

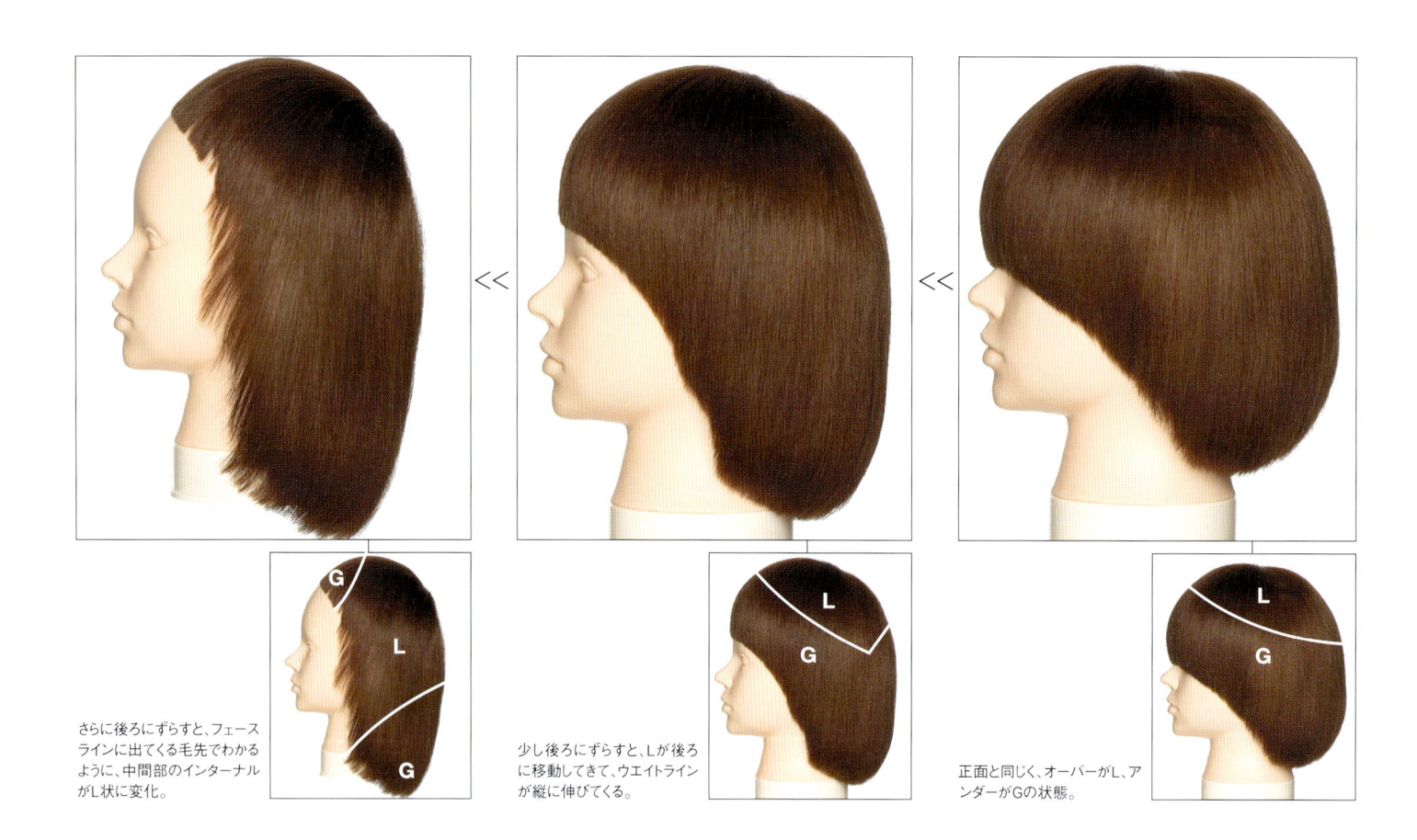

さらに後ろにずらすと、フェースラインに出てくる毛先でわかるように、中間部のインターナルがL状に変化。

少し後ろにずらすと、Lが後ろに移動してきて、ウエイトラインが縦に伸びてくる。

正面と同じく、オーバーがL、アンダーがGの状態。

:: 前後方向への流れで見た場合 ::

Lの構造

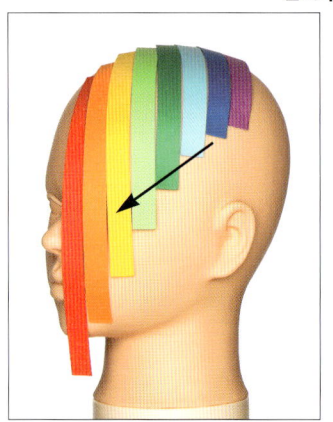

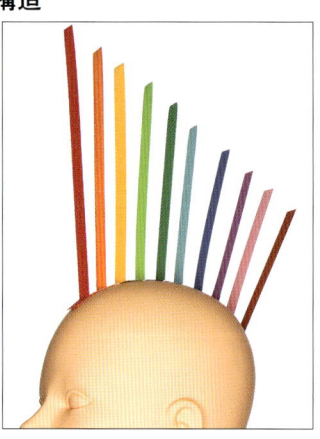

Gの構造

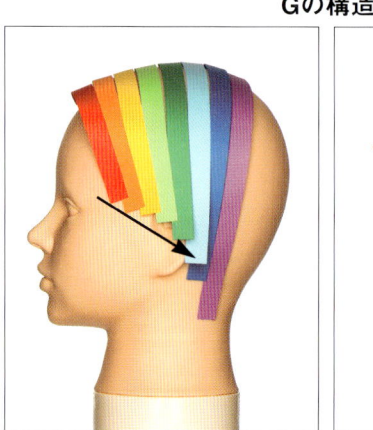

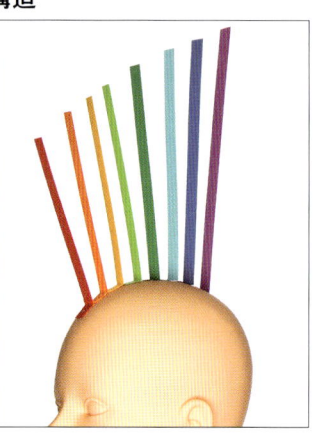

今度は前後方向のGとLで見てみよう。左側のLは頭頂部を起点とすれば、トップほど短く下ほど長くなっているL状のインターナル。しかしこれを真下に落とすと、フロント方向への流れになってしまい、実際には下へ下へと落ちる毛流れになる。それに対して、頭頂部からをGのインターナルにした右側のGは、フロントからバックに向かう流れが生まれる。頭の丸みの関係上、オーバーセクションの前後方向では、GとLの性質が逆転する。左右方向に流すのであればGとLはそのままの構造でよいが、前後に流す場合はGにしないとうまく流れない。「流したいならL」という誤解が起きやすいので注意しよう!

Introduction |04*

ここからのテクニックページは
こう使ってほしい！

▼

1テーマはこういう構成になっています

「テクニック編」は、「レイヤーボブ」「ラウンドグラ」「グラボブ」の3つのテーマに分かれています。さらに1つのテーマごとに①基本形とその分析、②基本形のテクニック、③基本形とほぼ同じ切り方でつくる、バリエーションのスタイルを3つ、④基本形とバリエーションを切る上で、起こりがちな失敗と発見の確認、という、4段階構成になっています。そのテーマごとに何を学んでほしいのか、どんな部分を鍛えるトレーニングなのかを提示してありますので、意味を確認しながら、順番に進んでいきましょう。写真と同じ形になるまで、どんなに時間がかかってもいいから、じっくり取り組むこと。それから、次のステップに移るようにしてください。提示してあるスタイルの切り方を覚えることが目的ではありません。これらのテクニックにトライし、失敗したり発見したりする過程で、応用力も養っていくことを目指したトレーニングなのです。

同じ切り方の手順で、違うスタイルに挑戦だ！
基本形とほぼ同じ切り方、手順で、違うスタイルをつくってみよう。基本形で学ぶテクニックをよりカンペキにマスターするために、とても大事なプロセスだ！

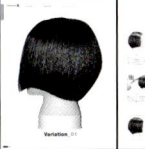

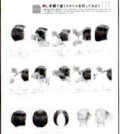

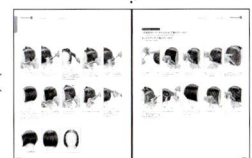

基本のテクニックにじっくり取り組んで
基本形のテクニックプロセスを詳しく紹介。写真と同じ形になるまで、何度でも挑戦してみて。トライして疑問がわいたら「ここをチェックしてみよう」をチェック！

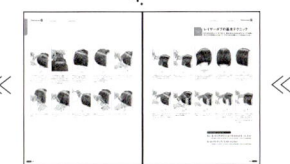

ダイヤグラムを起こしてみよう
基本形をいろいろな角度から分析。ダイヤグラムも1つに限らず、何パターンか考えてみよう。できればテクニックプロセスを見る前に、一度カットしてみることにトライして。

まずは基本の形をじっくり観察！
テーマごとの基本形をまずはじっくり観察しよう。この写真だけを観て、インターナルがどうなっているのか想像してみよう。ダイヤグラムも描いてみよう。

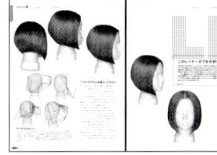

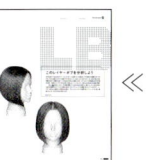

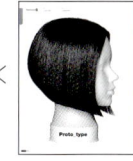

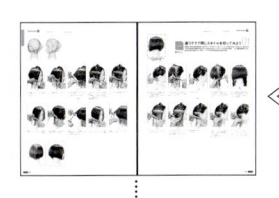

最後は違うテクで同じスタイルをつくることにトライ！
3つめのテーマ「グラボブ」の最後には、「違うテクで同じスタイルをつくる」トレーニングが用意されている。なぜそのテクが最も合理的なのか、を理解するための実験だ。

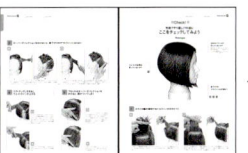

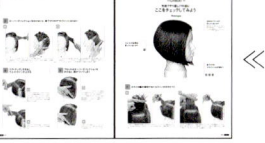

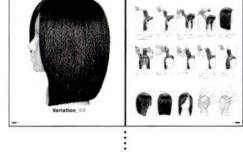

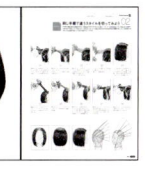

失敗と発見部分を整理しよう
順番にレッスンしていくと「なんで失敗したのかな？」「あれ、これってどういうこと？」という疑問にあたるはず。それをもう一度整理して、テクニックの理解を深めよう。

テクの構造が理解できたかな？
「同じ手順で違うスタイル」は3つ用意されている。中にはかなり難しいものも…。時間をかけて、じっくり取り組もう。その過程で応用力が養われる。

基本の切り方とパネル操作

ラインカットの注意点

曲線ライン
曲線ラインは刃先を使って点を繋げるようにしてカット。この切り方をすると、ジオメトリックなラインもソフトにすることができる。

鋭角的な直線ライン
非常に角度のついた直線ラインを切るときは、面を使ってもいいが、刃先を使って点を繋げるような感覚で切ったほうが、柔らかさがでる。

直線ライン
まっすぐな線を切るには、ハサミの面を使うと切りやすい。ただし切り口に硬さと重さが出るので、繊細さが必要な部分は刃先を使うことを勧める。

オーバーダイレクションの基本

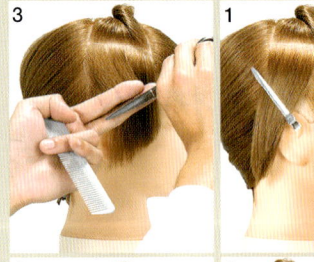

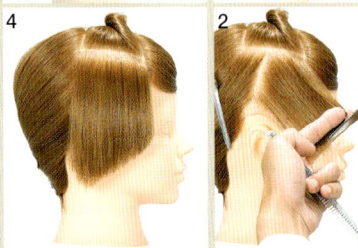

前方へのオーバーダイレクション
縦スライスで、前方へのオーバーダイレクションをかけた。前上がりのアウトラインになり、Gが入る。オーバーダイレクションだけで段が入ることがわかる。

後方へのオーバーダイレクション
縦スライスで、後方へのオーバーダイレクションをかけた。リフトアップはせず、各セクションとも同じ角度でかけている。後ろに引いたため前下がりになり、アウトラインにGが入る。

オンベースでカット
縦スライスでオンベースでカット。アウトラインは水平になり、ヘアラインと平行のGが入る。これに対し、前・後方向へ引くことを「オーバーダイレクションをかける」という。

リフティングの基本

ガイドライン（一つ前のセクション）に対して、次のセクションの角度を下げることと、同じ角度であることをリフトダウン、上げることをリフトアップと呼ぶ。リフトアップすると、当然アウトラインに段差ができる。

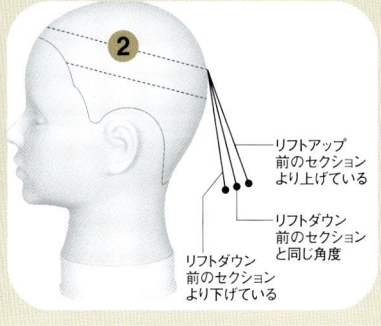

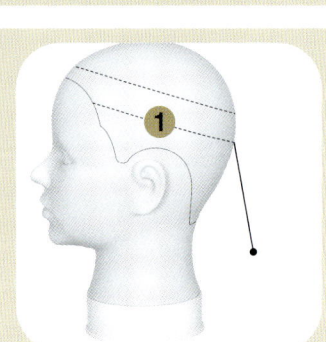

- リフトアップ　前のセクションより上げている
- リフトダウン　前のセクションと同じ角度
- リフトダウン　前のセクションより下げている

Layered Bob　　　Super Basic　　　Form Lesson **G**

Layered Bob

01 レイヤーボブ

レイヤーボブってどんな特徴をもったスタイル？

この基本形の印象はグラボブ。しかし実は、バックのインターナルの構造がL＝レイヤー状でカットされています。つまりLのカットでGのフォルムが形づくられている、ということ。T016ページからのテクニックプロセスを見てもらうと分かります。バックセンターの切り始めはGでスタートしているのですが、Gの中にLがすでに混じっていて、バックサイドに行くにしたがって、徐々に斜めスライスに変化しています。そして後ろに引くオーバーダイレクションとリフティングが入ってくる。つまり最初の正中線上の、一番高いところのGでウエイトポイントをつくり、そこから徐々にL状に移行しているため、ウエイトラインがソフトになっているのです。しかし耳後ろを越えたあたりから横スライスに変化してきて、再びGに移行するので、アウトラインはシャープなボブの印象を保っています。つまりこのスタイルは、一見シンプルなグラボブなのですが、インターナルはG→L→Gと移行している構成なのです。

なぜこのスタイルをレッスンするのか？

通常、このようなGのフォルムは、Gだけでカットされるものと思いがちでしょう？　それにどうしてGを理解する本なのに、最初にレイヤーの入ったスタイルを勉強するのか？と。理由は2つあります。まずGとLがフォルムの中で果たしている役割の「誤解」を解くこと。重さを残したりウエイトをつくるのはG、動きや段をつける、もしくは重さを取るのがL、と思っていませんか？　実はLもウエイトに大きく影響するのです。GだけでなくLの角度もフォルムを変化させます。ここでは削ぎをいっさい入れていませんが、もしGの構成だけでつくっていたら、たぶんバックがポコンと出た、かなり重いスタイルになりますよね？　GからLに移行させることで、ブラントだけでここまでフォルムが調節できるのです。
もう1つの理由は、GからLに変化するパネルの引き出し方を練習すると、頭の丸みを考えたスライスの取り方を習得できる、ということ。初心者は、最初はこのスタイルにかなり苦戦すると思います。しかしあきらめずに、写真と同じ状態になるまで何度も挑戦してみてください。その後で3つのバリエーションのスタイルにトライすること。そうすれば、この先の展開がずっと楽になりますよ！　このスタイルを切れるようになる意味は、かなり大きいのです。

Form Lesson **G** | Super Basic | Layered Bob

Proto_type

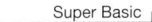

Layered Bob | Super Basic | Form Lesson **G**

このレイヤーボブを分析しよう

まず注目すべきなのはサイド。ウエイトポイントは鼻ぐらいの高さと、やや高めの位置にきていますね。そこから徐々にサイドの前下がりのラインにつながっているグラボブ、というのが見た目の印象のはず。正面からはバックの丸みがほとんど感じられず、ボブスタイルの印象はますます強まります。今度はバックサイドから見てみましょう。バックセンターのぼんのくぼあたりの段の幅が一番広く、前に向うにつれて、その幅が閉じているのが分かりますね。段が入っているのは耳から後ろの部分だけで、サイドは前に向うにつれてワンレングス状態に近づいているのです。バックが「GからLに移行して再びGに戻る」、そしてフロントサイドは限りなくワンレングスに近い構造になっていることがわかりましたか？

Form Lesson G　　Super Basic　　Layered Bob

ダイヤグラムを起こしてみよう

ポイントは、1セクションでGからLに移行させ、最後は前下がりのワンレングス状態に近づけるために、どのようなセクショニングとリフティング、オーバーダイレクションを組み合わせればいいのか、ということ。セクションごとに分けて「どこのセクションがどこまで引っ張り出されたらこうなるか？」と考えます。このスタイルのウエイトラインはあまりはっきりと出ていません。正中線は縦スライスのGでも、徐々になめらかな斜めスライスに切り替わってきているのでは？と想像ができます。

しかし斜めスライスのL状のまま、どんどん角度が上がっていくとボブの印象がなくなります。目指すのはサイドが前下がりのワンレンボブに近いスタイル。ではどういうスライスに変化していけばいいのか？ スムースに前下がりに移行するためには、オーバーダイレクションをどうかけるのか？ 今度はサイドに向けて斜めから横スライスに変化させ、後ろに引くオーバーダイレクションで、前になるほど長さが残るようにします。このときオーバーダイレクションをかけながらリフトダウンをしていくことがポイント。リフトアップしてしまうと、望んだスタイルよりも段が入り過ぎてしまいます。そのオーバーダイレクションもフロントになるほど小さくして、最後はほぼ真下にとかしてカットすればワンレングス状態になりますね。これが基本の設計図の考え方です。

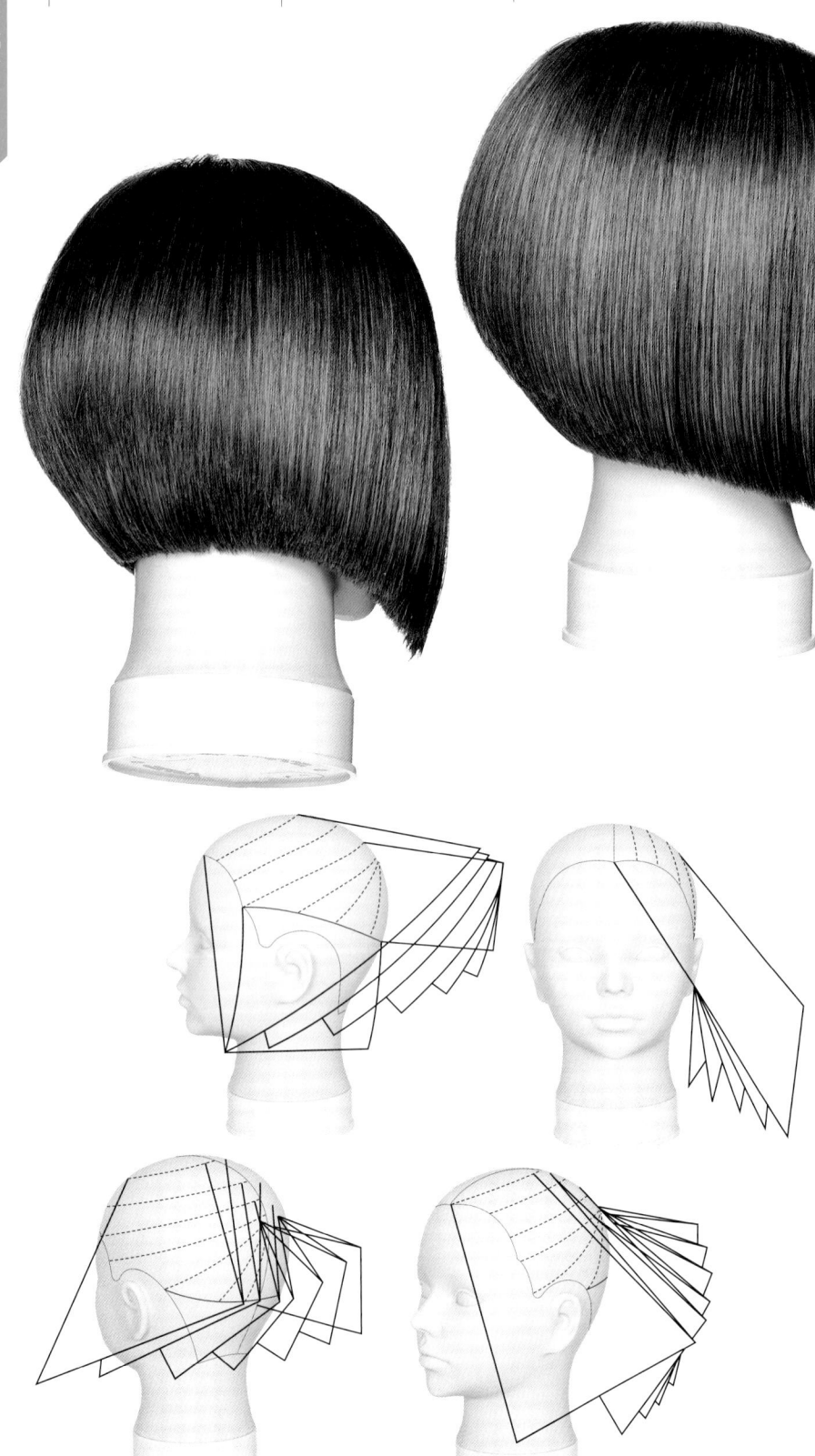

ダイヤグラムのヒント

サイドのアウトラインはとてもシャープな前下がり。ということはアンダーセクションのヘムライン3～5センチには段がついていない。ウエイトポイントははっきりとしているが、ウエイトラインはなめらかであることにも注目。スタートはGだが、徐々にL状に変化していると考えられる。ウエイトポイントの位置はけっこう高いのに、そのわりにはサイドにGがほとんどない。つまり縦スライスで始まって、次第に横スライスに移行していると予想される。このウエイトポイントとフロントの前下がりを繋ぐには、後方へのオーバーダイレクションが必要。しかもこのウエイトラインに近い高さまで、オーバーダイレクションをかけているはずだ。しかしフロントはワンレングス状態なので、耳上あたりからは次第にG状に変化させ、リフトダウンをしていく必要がある。

Layered Bob | Super Basic | Form Lesson **G**

レイヤーボブの基本テクニック

PROTO TYPE まずは基本形のレイヤーボブをカット。最初に提示したbeforeのワンレングス状態と、切り上がりの状態をよく見比べて、グラのつき方を把握した上で切り始めてください。

<<<<<<

05
この最初のパネルにハサミが入る角度が、最終的なグラの形に直結するので、しっかり計算してからカットする。

04
第1セクション。バックセンターから床に平行に引き出してカット。

03
もちろん、まだウエイトラインは存在しない状態。切り上がり状態を見て、ここに加わるグラの形を常にイメージしながらカットしていくこと。

02
バックから見ると自然なアールを描きながら、前下がりラインに繋がっていることが分かる。

01
Beforeの状態は、サイドが前下がりのワンレングス。T019ページの切り上がりでは、どのようなウエイトラインができているか、見比べておこう。

10
第5セクション。このあたりからサイドの前下がりラインに繋がってくる。サイドになるにつれてリフトダウンして角度を小さくしていく。

09
バックサイド側は角度が狂いやすいので、慣れるまでは慎重に。

08
第4セクション。スライスは45度くらいの斜めスライスに移行してきている。

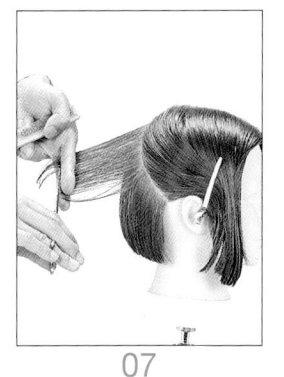

07
第3セクションになると、はっきりと後方にオーバーダイレクションがかかり、リフトダウンした状態になっていることがわかる。

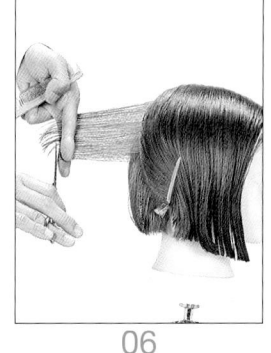

06
第2セクション。ここから徐々に頭の丸みに沿った斜めスライスに移行(T015ページ参照)し、後ろ方向のオーバーダイレクションとリフトダウン(一つ前のセクションよりも角度が低くなること)が加わる。

Challenge! >>>from 06

もし、もっとリフトダウンしたパネルからスタートしたら?
>>> さらにGがつくので、もっと重いウエイトラインができて、アウトラインは薄くなる

もっとリフトアップしてスタートしたら?
>>> 今度はLに近づくので、ウエイトラインはもっと軽くなり、アウトラインは厚くなる。

| Form Lesson **G** | Super Basic | Layered Bob |

15
ここから先はフロントに向かってオーバーダイレクションを小さくして、さらにリフトダウンしていく。これはフロントに向かってワンレングスに近いくらいのアウトラインにしたいため。

14
このとき写真のように細かいスライスにすることが大切。骨格が一番丸く髪が動きやすい部分なので、厚いスライスだと、それだけで段差に狂いが生じてしまう（わかりやすくするためにリフトアップ状態で提示）。

13
第6セクション。ここからはウエイトラインと平行に、横に近い斜めスライスで取る。リフトダウンしながら、オーバーダイレクションをかけてカットしていくことで、サイドをGに保つ。

12
テンプルポイントあたりまでくると、バックのウエイトラインがはっきりできてきている。もしこの段階で、イメージと違っていたら、再度切り直すなど、しっかり修正してから先に進むこと！

11
サイドに向かうにつれて、LからGになるように、リフトダウンすることを心がけてカットする。

20
フロントに向かうにつれて、19の傾向が強まる。

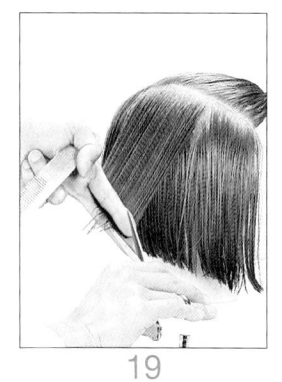

19
さらにリフトダウンして、オーバーダイレクションも小さくしていく。

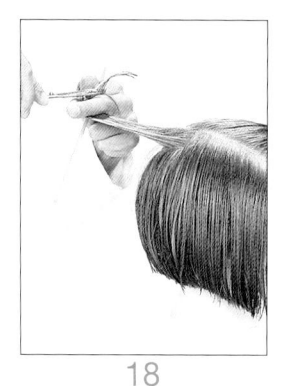

18
第7セクション。ウエイトラインをぼかしたいのでこのセクションだけはリフトアップする。

17
同時にオーバーダイレクションも小さくしているのが分かる。

16
サイドに向かうにつれて徐々にリフトダウンしていく。

Layered Bob | Super Basic | Form Lesson **G**

Challenge! >>>from 23
このままのオーバーダイレクションで進んでいったら?
＞＞＞フロントに向って、アウトラインにグラがついてしまう。

もしリフトアップして進んでいったら?
＞＞＞段が大きく入ってしまう

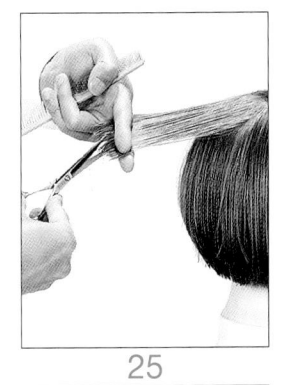

＜＜＜＜＜＜

25
右サイドの最終セクション。バックはチョップカットで。

24
フロントでは、ワンレングスに限りなく近い、ほぼ0度の角度になっていることが分かる。

23
サイドに向ってさらにオーバーダイレクションは小さくなり…。

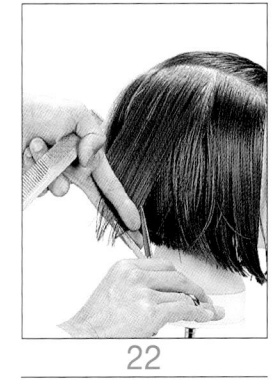

22
第8セクション。上のセクションになるに連れて、リフトダウンと、オーバーダイレクションの縮小は進む。

21
ここでも注意点として、パネルを薄く細かく取ることが挙げられる。ガイドを見失わない薄さを必ずキープすること。

30
左右のオーバーダイレクションとリフティングの角度を一発で合わせていくのは、初心者にはかなり難しい。しかし最初はどんなに時間がかかってもいいから、きちんと1パネルずつ合わせていく。

29
逆サイドも同様の切り方。

28
右サイドの切り上がり。イメージ通りのウエイトライン、アウトラインができているか、もう一度チェック。

27
フロントはほぼ真下に引く。

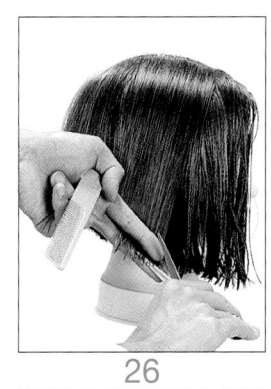

26
もうオーバーダイレクションはほとんどかかっていない。

018_ technique

Form Lesson G — Super Basic — Layered Bob

31 右サイドと同じように、ここからはセクションを横スライスに近い線で取り直して、このスライスラインに平行にカットしていく。

32 フロントサイドに向かうにつれて、オーバーダイレクションが小さくなり、リフトダウンしていくのも右サイドと同様。

33 オーバーダイレクションとリフティングを前から見たところ。常時、鏡越しに見るなどして、全体像を確認しながら切り進むこと。パネルばかりに集中しすぎると、角度が狂う原因に!

34 第7セクション。オーバーダイレクションは徐々に小さくなり、リフトダウンしていることが分かる。

35 フロントに向かって、ますますリフトダウンし、オーバーダイレクションは小さくなっている。

36 右サイドと同様に、つむじ周辺はいろんな方向に動きやすいので、トップに近いセクションでは、チョップカットでラインをぼかす。

37 右サイドと同様にサイドまで切り進む。

38 フロントではごくわずかのオーバーダイレクションとリフトダウン。

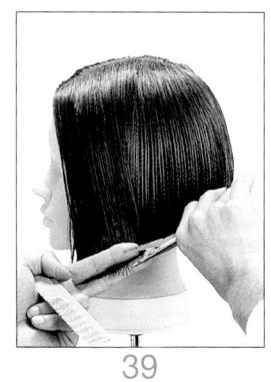

39 最終セクションのフロントはほぼ0度のアングルで、オーバーダイレクションはかかっていない。

40 切り上がりの右サイド。T016ページの01と比べてみよう。ここまでのオーバーダイレクションとリフティングで、バックセンターが一番幅広く、フロントに向かって閉じているGが入ったことが分かる。

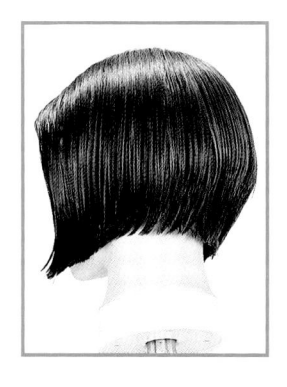

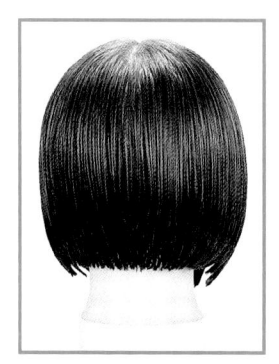

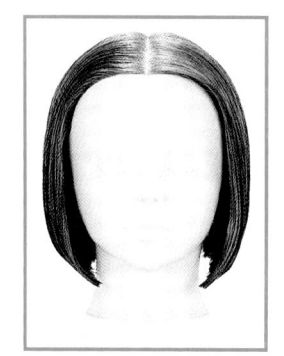

Layered Bob　　Super Basic　　Form Lesson **G**

Variation

同じ手順で違うスタイルを切ってみよう 01

今度は基本形と同じ手順の切り方で、前上がりのアウトラインに対して、前下がりのウエイトラインを持つフォルムをつくっていきます。レングスに対して、どういうウエイトをつくると美しいのか、そのウエイトラインのためにはどんなインターナルが必要なのか、そのことを考えるトレーニングです。

<<<<<<

05 第5セクション。ウエイトラインができてきた。ここから先は写真のように、このウエイトラインに平行のセクションを取り直して、前下がりになるようにオーバーダイレクションをかけながらカット。

04 サイドに向かうにつれてリフトダウンさせていく。

03 徐々になめらかな斜めスライスに移行していく。第3セクションでオーバーダイレクションをかけ始める。ウエイトラインがつくられる角度を考えた上でオーバーダイレクションをかけること。

02 ここでも正中線のパネルの、最初のアングルが重要。このスタイルでは基本形よりも角度が低くなっていて、よりGになっていることに注目。

01 Beforeは前上がりのワンレングス状態。

10 最終セクション。カットした後の髪が落ちたときに、ウエイトラインが上がってしまうことを防ぐために、06よりもさらにリフトダウンした状態でチョップカット。

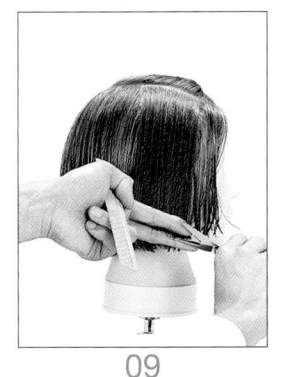

09 フロント寄りになるにつれて、さらにリフトダウン。フロントに向かって、グラの幅が閉じていくようになる。

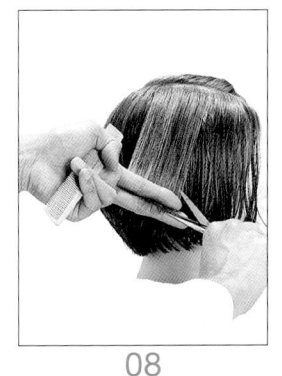

08 次のパネルでは、さらにリフトダウンさせている。

07 基本形と同様に、後ろへのオーバーダイレクションをかけながら、サイド寄りほどリフトダウンさせつつカット。

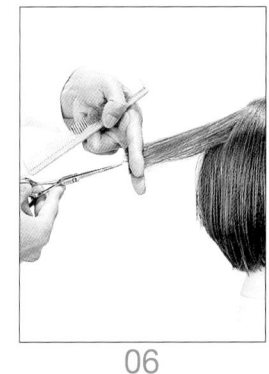

06 第6セクション。このあたりは放射状に毛が落ちるので、チョップカットで切る。

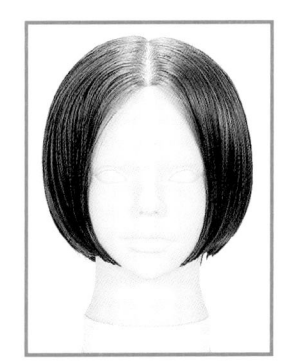

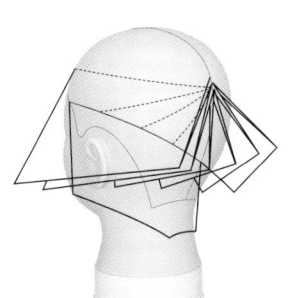

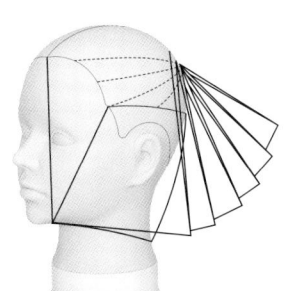

020_ technique

Form Lesson G | Super Basic | Layered Bob

Variation_01

Layered Bob　　Super Basic　　Form Lesson **G**

同じ手順で違うスタイルを切ってみよう 02

Variation

テクの手順は基本と同様ですが、今度は水平のアウトラインに対して、コーナーだけを落としていくGとLを入れます。このスタイルをレッスンすることで、どのくらいコーナーを落とせば丸みが出せるのかを理解しましょう。これは様々なスタイルに応用できる、とても大切なテクニックです。

<<<<<<

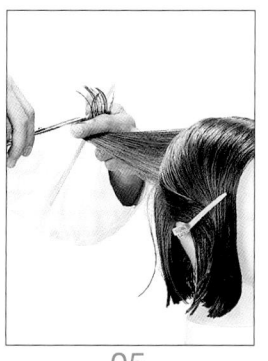

05 第4セクション。かなりオーバーダイレクションがかかっていることがわかる。ワンレングスのコーナーを落とすには、L状にしていくことが必要であるため。

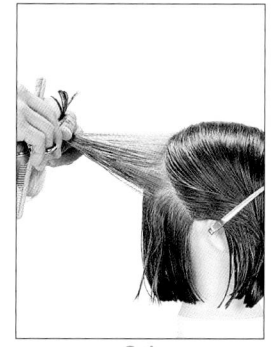

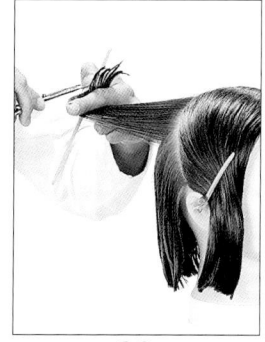

04 第3セクション。上のパネルになるにつれて、さらにオーバーダイレクションをかけていく。スライスは徐々に斜めに変化させていく。

03 第2セクション。ここからオーバーダイレクションをかけていて、パネルはすでにL状になっている。このように指の外側でパネルを持つ(オーバー・ザ・フィンガー)と、L状になりやすい。

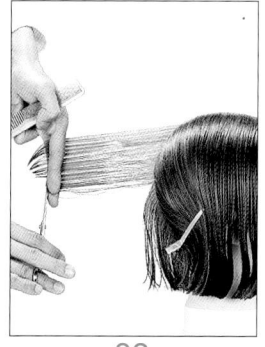

02 バックセンターから縦スライスで引き出した第1セクション。ここでコーナーを落としていく角度を決める。

01 beforeはアウトラインが水平のワンレングス。コーナーがすべて残っているので、全体がスクエアな印象。この四角いフォルムが、切り上がりでどのように丸くなっているのか見比べよう。

10 最終セクション。ここまでリフトアップされて、オーバーダイレクションもかかることでコーナーは落とされ、フォルムは丸くなる。

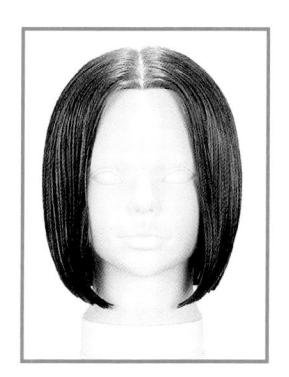

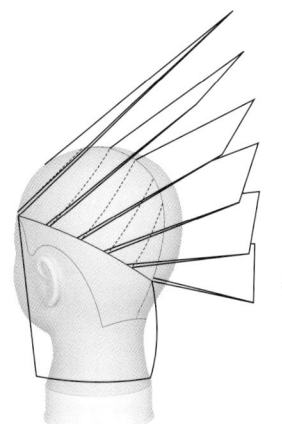

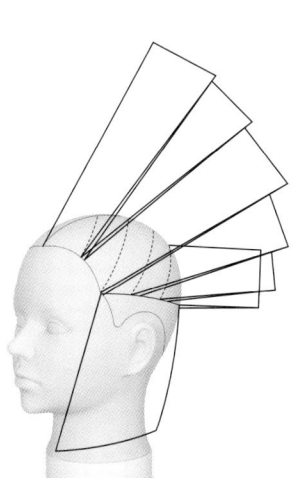

09 第8セクション。オーバーダイレクションとリフティングをかけながら、同様に切り進む。

08 第7セクション。このあたりからオーバーダイレクションと共に、徐々にリフトアップ。ここでは一番フロント寄りの毛先が、ベースのアウトラインに繋がることを目指す。スライスはほぼ縦になる。

07 第6セクション。オーバーダイレクションをかけながらL状にカット。もしオーバーダイレクションをかけなければ、フロントサイドに向うにつれて、段がたくさん入ることになる。

06 第5セクション。バックサイドからサイドに移行するにしたがって、セクションを斜めから縦スライスに近づけていく。

| Form Lesson **G** | Super Basic | Layered Bob |

Variation_02

Layered Bob　Super Basic　Form Lesson **G**

同じ手順で違うスタイルを切ってみよう 03

Variation　T022ページのリフティングとオーバーダイレクションは、コーナーだけを取って重さを残すテクでしたが、次は逆に、インターナルの重さをすべて排除するためのリフティングと、オーバーダイレクションです。フォルムが持つアウトラインやフェイスラインは薄くなり、Lに近い印象を受けますが、もちろん切る手順は基本と同様です。

<<<<<<

05 ここからはオーバーダイレクションをかけずに、リフトアップだけして切り進む。耳上部分は、穴をあけてしまいやすいので、角度を慎重に決める。

04 第3セクション。オーバーダイレクションと共にリフトアップも進んでいく。

03 第2セクション。基本テクと同様に、後ろ方向へのオーバーダイレクションをかけて、斜めスライスに移行させながら切り進む。

02 バックセンターから第1セクション。最初の段階から、かなり急角度のLをつける。

01 beforeは、ここではかなり急な角度のLがつくことを理解しやすくするために、長めのレングスに設定した。

10 クロスチェックで、ほとんどスクエアな状態のLになっていることが分かる。

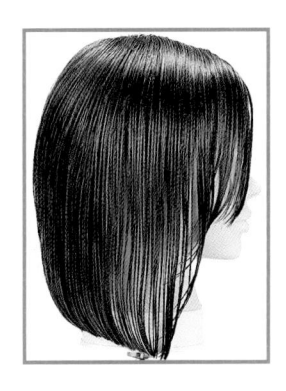

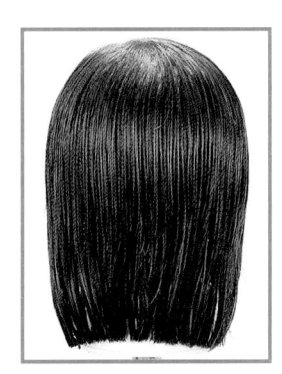

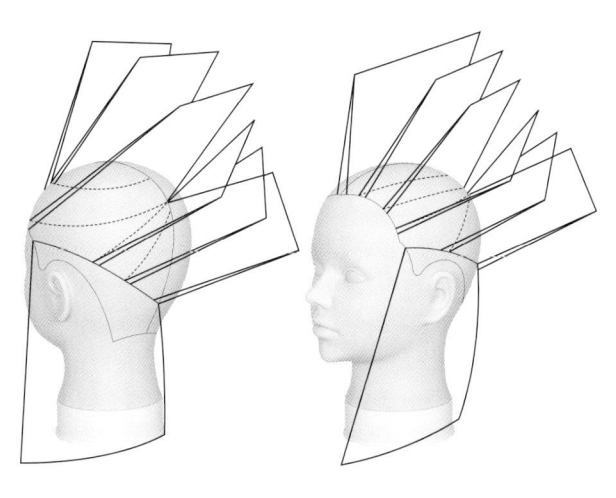

09 最終セクション。ほぼオンベースに近い状態にまでリフトアップしてカット。

08 このあたりではほぼ真横のスライスになっている。

07 サイドに向かうにつれて、徐々に横スライスに移行していく。フロントにも動きと軽さをつけるために、オーバーダイレクションはあまりかけずに、リフトアップしてカット。

06 バックの最終セクション。セクションラインに平行の斜めスライスで、オンベースに近いくらいまでリフトアップする。

| Form Lesson **G** | Super Basic | Layered Bob |

Variation_03

Layered Bob　　Super Basic　　Form Lesson **G**

:: Check! ::

失敗?やり直し!?の前に
ここをチェックしてみよう

Prototype

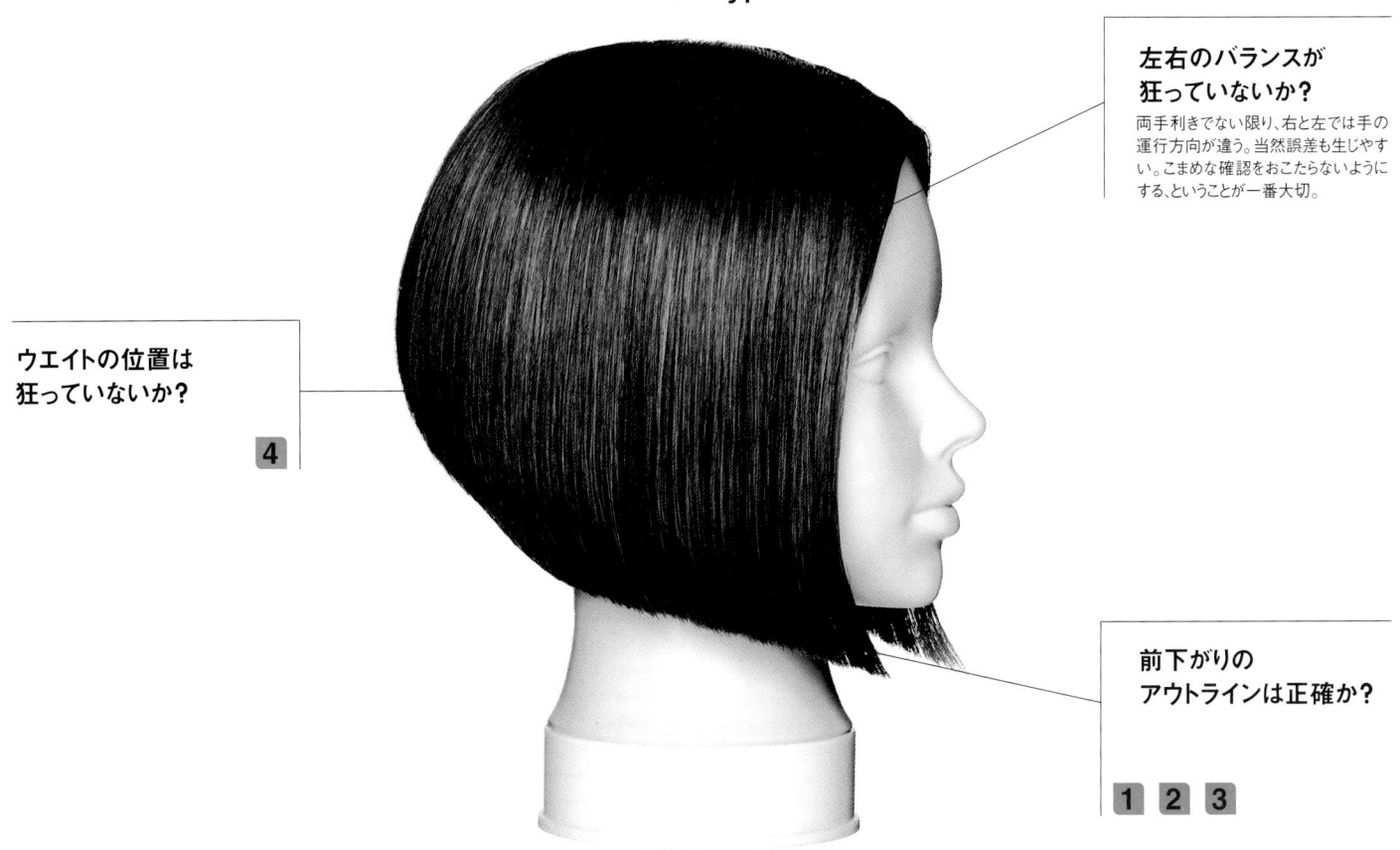

**左右のバランスが
狂っていないか?**
両手利きでない限り、右と左では手の運行方向が違う。当然誤差も生じやすい。こまめな確認をおこたらないようにする、ということが一番大切。

**ウエイトの位置は
狂っていないか?**

4

**前下がりの
アウトラインは正確か?**

1 2 3

1　スライス幅が適切でないとラインがガタたつく

✕　　　　　　　　　　　　　　　　　　○

これはスライス幅が厚すぎる例。たとえリフティングやオーバーダイレクションの角度が合っていても、これではガイドまで切ってしまうので、ラインにガタつきが出てしまう。一定幅で薄めのスライスを保つこと。

Gのように、下から積み上げていった髪が、段差となってウエイトをつくり出す構造は、スライスをどう取るかで、当然、形やウエイトラインに差が出てくる。ガイドラインがきちんと把握できるように、薄めで丁寧なスライスを心がけることが大切。これは適度なスライスの例。

| Form Lesson **G** | Super Basic | Layered Bob |

2 オーバーダイレクションをかけないと、前下がりのアウトラインにならない

✕

オーバーダイレクションをかけていない、リフティングだけの角度。右のオーバーダイレクションをかけている写真と比べてみよう。このままでは前下がりのラインになっていかないと同時に、Lの角度になりきれず、アウトラインに穴を空けてしまうことになる。

○

オーバーダイレクションは、段をつけると共に、後ろに引けば前下がり、前に引けば前上がりのラインを自然につくっていくことができる。ここでは前下がりのアウトラインを目指すので、後方に引くオーバーダイレクションをかけていくのが正解。横からと正面からの角度をよく観察して。

4 リフトアップしすぎると、ウエイトラインが上がる

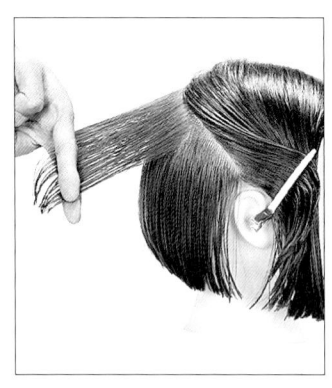

○

ウエイトラインを決めるのは、バックセクションのリフティング。ここが適切な角度でリフトアップ、及びリフトダウンされていかないと、ウエイトラインがまったく違った形になってしまう。特にリフトアップのし過ぎは、ウエイトラインを上げてしまって、後から修正が利かないので注意！

✕

これはリフトアップをしすぎた例。基本形の仕上がりよりも、かなりウエイトラインが上がってしまう結果となる。

3 フロントはオーバーダイレクションをかけると、段がついてしまう

○

オーバーダイレクションをかけたくない場所もある。それは段をつけたくないところ。この場合はフロントに向かうにつれて、徐々に段差をなくし、ワンレングス状態に近づけたいわけだから、前方に向かうほどオーバーダイレクションの幅を小さくし、最後は真下にコームアウトして、先端がワンレングスになるようにする。

✕

これはバックからの続きでオーバーダイレクションをかけてしまったところ。前下がりにはなるが、これでは最後までアウトラインにGがついてしまう。

Layered Bob　　　Super Basic　　　Form Lesson **G**

Variation_01

アウトラインが
ガタついていないか？　>>> 1

1 オーバーダイレクションを前にかけると、ガイドラインまで切ってしまう

× 勘違いして、前方に引いてしまいオーバーダイレクションをかけると、フロントのレングスそのものを切ってしまい、違うスタイルになってしまうので気をつけよう。

○ このスタイルは前上がりのアウトラインだが、Gは前下がりに入っている。そのため、バックからサイドに向かうオーバーダイレクションのかけ方は、基本形と同様。後方に引くオーバーダイレクションをフロントに向かうにつれて小さくしていき、最後はオーバーダイレクションをかけずに、段を閉じるようにする。

Challenge!

今回切ってみたスタイルをすべて5センチ短く設定して、同様のテクニックで切り直してみよう。短くなることで、頭の丸みの影響がまた変わってくるはず。きれいなウエイトラインをつくるには、今度はどこまでをG、どこからをLにしていったらいいのか、考えながらやってみよう。

Challenge!

もし、今回のスタイルをすべてGで切っていったら、どんなフォルムになるか？　どこがどのように重くなるのか？　切ってみて、今回のスタイルと見比べてみよう。そして、今回のスタイルがLに切り替わっている部分を、フォルム的に見極めよう。

Variation_02

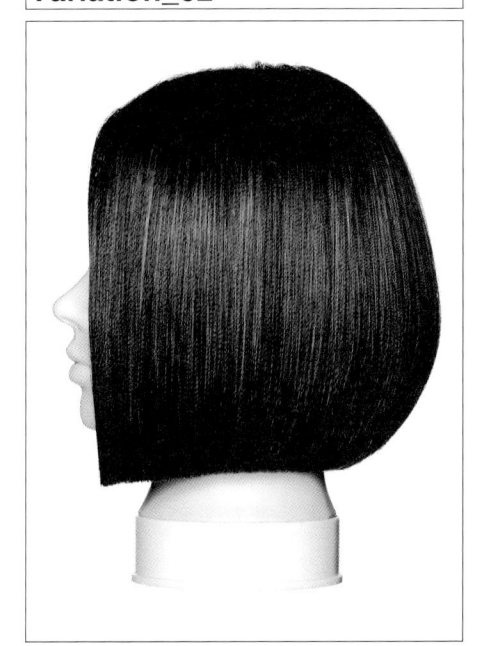

アウトラインが
ガタついていないか？　>>> 1

1 正しくリフティングしないと、アウトラインが狂ってしまう

× こちらはリフトダウンでGの状態になっている状態、これではアウトラインを変えてしまう。

○ このレイヤーボブでは、GとLが入り混じった構造をつくることがテーマ。どこからLに変わっていくのか、どこで再びGに戻るのかで、違ったスタイルをつくりだしている。これはバックのこの位置が、リフトアップできちんとL状になっている正しい例。

| Form Lesson **G** | Super Basic | Layered Bob |

Variation_03

Challenge!

別の切り方で、これとまったく同じスタイルはできないだろうか？スライスの取り方を変えるなどしたダイヤグラムを起こしてみよう。できれば実際に切ってみて。

GのはずがLになっていないか？ >>> 1

1 パネルの持ち方で、L状のインターナルがつくりやすくなる

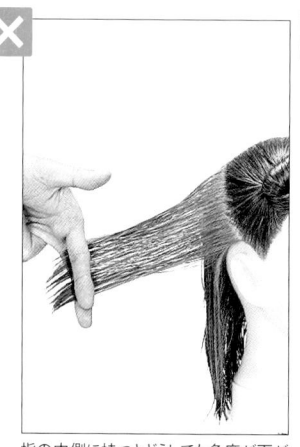

✗ 指の内側に持つとどうしても角度が下がりやすく、Gの構造になりやすい。

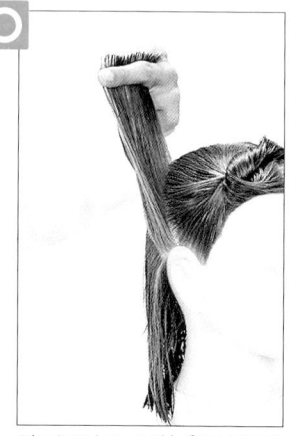

○ GとLのコントロールが上手くいかない原因の1つに、実は左手のパネルの持ち方も関わっている。オーバーセクションでLにしていきたい場合は、写真のように、指の外側でパネルを持つとつくりやすい。

∷ レイヤーボブから
マスターしてほしいこと

スタートから「レイヤーボブ」という、かなり難しいテーマに挑戦してもらいました。いかがでしたか？ 見本の写真と同じように仕上げることができましたか？ もしどこか違っていたら、原因を突き詰めて、同じ仕上がりになるまで何度もトライしてみてくださいね。これらの4つのスタイルは、すべてGからLに、LからGに、と移行する性質をもっています。初心者はかなり苦戦したかもしれませんが、この4つを切ってもらうことで、ある程度のGとLの原理がつかめたはず。なぜなら頭の丸みを計算に入れたリフティングとオーバーダイレクションのかけかた次第で、GとLは「行ったり来たり」することができるのだ、と体感したからです。そしてGとLが組み合わさることで、コンパクトでありながら、しっかりとウエイトを感じさせるフォルムになることも実感したのではないでしょうか？ そう、ここで身に付けてもらいたいのは、頭の丸みを計算に入れる、ということなんです。頭はどこからどこまで、どんな傾斜をしているのか。その傾斜に合わせて、どんなリフティングをしていけば、GとLになるのか？ それを知ることが実はこのテーマの真の目的です。さあ、次はラウンドグラデーションに挑戦です！

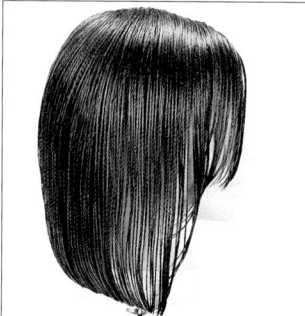

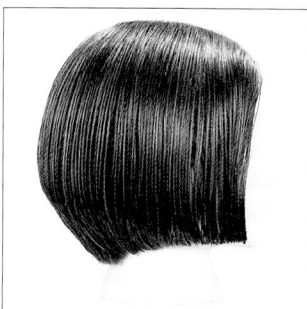

Round Gradation | Super Basic | Form Lesson G

Round Gradation

02 | ラウンドグラデーション

ラウンドグラってどんな特徴をもったスタイル?

ここでいう「ラウンドグラ」はテクニックのことであって、スタイルを指すのではありません。しかしラウンドグラを使ったスタイルというと、真っ先にマッシュルームのような「前上がりのアウトラインで、丸くて重いフォルム」を連想するのではないでしょうか? ラウンドグラのテクニックの一番の特徴は、頭の丸みに沿ってセクションを取り、グラデーション状にカットしていくこと。下のセクションから順に、グラデーションを積み重ねることでフォルムをつくっていきます。ラウンドにセクションを取っていくため、丸みのあるフォルムになりがちなのは事実で、言い方を換えれば、丸いフォルムのスタイルをつくりたい場合に適しているテクニックなのです。ですからマッシュルームのようなスタイルをつくるときによく使うというわけ。とはいえ、縦に近いセクションを取ったラウンドグラならタイトな丸さを持つフォルムになるし、横に近い斜めセクションなら重いフォルムになるので、このテクニックを使っても、丸めのものからシャープなものまで様々なスタイルをつくることが可能です。

なぜこのスタイルをレッスンするのか?

実は教える側にとって一番苦労するのが、このラウンドグラ。リフティングそのものがウエイトラインに直結するテクニックなので、途中のセクションのわずかな狂いが、最終的に全体のフォルムを大きく狂わせてしまうからです。ここでは、リフティングでグラの幅をコントロールするテクニックを身に付けていきましょう。
初心者はガイドラインをつくっても、リフティングの角度がなかなかつかめないかもしれません。でもこのテクニックをトレーニングすると、頭の丸みに沿ったリフトアップ、リフトダウンが本当に身につきますよ! そもそも人間の頭の形は千差万別なのですから「このスタイルのここは、○度の角度で引き出しなさい」といった法則は存在しません。だから「この丸みに対してこう切れば、ここに落ちる。それが積み重なれば、こういった形になる。そのとき、この角度で切るときれいな形になる」という感覚を、自分の中に養っていかなければならないのです。この感覚が育たないままにしておくと、いつまでたってもフォルムのコントロールができません。それを矯正する意味でも、ラウンドグラでリフティングを徹底的に勉強するのは大きな意味をもつはずです。

| Form Lesson **G** | Super Basic | Round Gradation |

Proto_type

Round Gradation　　　Super Basic　　　Form Lesson **G**

このラウンドグラデーションを分析しよう

まずどんなGが入っているスタイルなのか、よく観察しましょう。サイドから見ると、前上がりのアウトラインに対して、やはり前上がりにラウンドしたGが入っています。正面から見た印象もかなり丸みを帯びていますね。それらのことから、頭の丸みに沿ったセクショニングで、リフトアップとリフトダウンを組み合わせてフォルムをつくっていけばいいのかな？　という想像をしましたか？　ただしこのとき、なるべく自分のつくったスライスラインに沿って切っていくことが大切です。それが一番形をコントロールしやすいはずです。ではこのウエイトラインに対して、どんなセクションを取っていけばいいのかを考えてみましょう。イア・トゥ・イアよりも後ろをきれいなG状のフォルムにするためには、このセクショニングが特に重要です。

Form Lesson G

Super Basic　　Round Gradation

ダイヤグラムを起こしてみよう

Gの基本はウエイトラインです。まずはアウトラインとウエイトラインを見比べて、段差と形を確認しましょう。ウエイトポイントがどこにあり、どれくらいはっきりしているのかが重要です。ここから「どこまでをリフトアップ」「どこからをリフトダウン」するのかを判断します。リフトアップすればするほど段差は大きくなり、ウエイトラインはぼけていきますし、リフトダウンすれば段差は小さく、ウエイトラインがはっきりしてきます。それからアウトラインに対して、どのような形のGが入っているのかも見てみましょう。この場合は、アウトラインに対してほぼ平行にGが入っていますから、セクション自体も、アウトラインとそう変わらない頭の丸みに沿ったラウンド状なのではないかと想像がつきます。

もう一つ大切なことは、段差はリフトアップだけでなく、オーバーダイレクションでもつく、という発想。この場合、前上がりのアウトラインですから、サイドのGは前方へオーバーダイレクションをかけると、コントロールしやすいと考えられますね。しかしバックのフォルムはサイドと同様のオーバーダイレクションとリフティングのままでいいのか？ この形にするにはサイドからバックにかけてどのように変化させたらいいのか？ オーバーダイレクションと、リフティングによるGの組み合わせで、このフォルムをつくるテクを設計してみましょう。

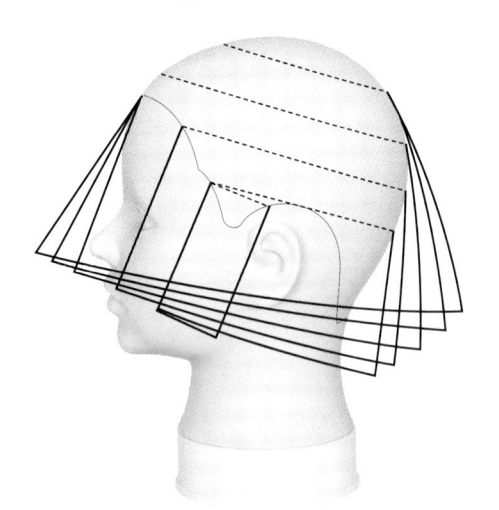

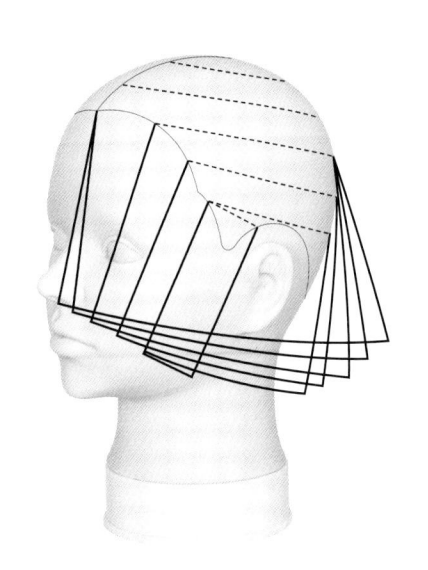

ダイヤグラムのヒント

まずこのフォルムから、ラウンドグラデーションで構成されていると推測できる。アウトラインは前上がり、ウエイトラインもやや前上がり。しかしネープにはGの段差がついている。ということは、頭の丸みに対して横スライスに近い斜めスライスでスタートし、徐々に横スライスに変化していると考えられる。サイドのアウトラインはシャープなので、リフトダウンしていると思われるが、バックのウエイトラインはリフトアップとリフトダウンを組み合わせでできていると想像できる。特徴的なのは、丸いフォルムのわりにネープがかなり締まっていること。ということは、耳後ろまでの長さとネープの長さは極端に違うのでは？ 耳までとネープでは、パネルを引いている方向が違うはずで、そのため耳後ろではコーナーができていると考えられる。もし同じ方向に引いていたら、もっとネープが重いスタイルになっているはず。

technique _033

Round Gradation | Super Basic | Form Lesson G

ラウンドグラデーションの基本テクニック

PROTO TYPE

基本形のラウンドグラです。ラウンドにセクションを取りますが、途中でウエイトラインと平行になるように、セクションを変えます。またリフトアップしていく角度は、一定ではないので注意

`<<<<<<`

05
これがガイドラインとなる。耳上よりも、ネープのほうが短くなっていることに注目。ここを起点に、下から順にGが積み重なっていくインターナルをつくっていく。

04
バックセンターでは、オーバーダイレクションはかけずに、真下に引いてカットする。

03
ネープはヘムラインと平行にスライスラインを取る。バックに向かうにつれて、徐々に真下に引いていくようにしながらカット。このためバックセンターに近づくほど短くなり、重さが取れる。

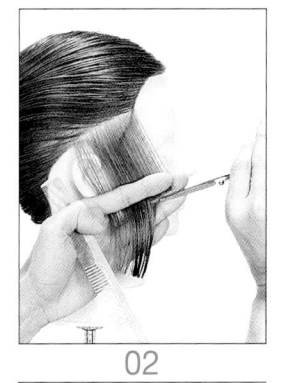

02
求めるアウトラインを想定して、前方にオーバーダイレクションをかけてカット。

01
beforeの状態は水平のワンレングス。サイドからスタートする。頭の丸みを考えて、ヘムラインに沿った斜めラインに、スライスラインを取る。

10
バックになるにしたがって、オーバーダイレクションも少なめにする。

09
同様に、リフトアップとオーバーダイレクションをかけてカット。ただしリフティングの角度は、一定ではない。頭の丸みとイメージするフォルムを常に考えて、角度を調節する。

08
このようにグラが入ってくる。特にネープの入り方に注目。

07
第3セクションは、セクションをウエイトラインと平行になるように近づけて、06よりもさらに少しリフトアップ。

06
第2セクション。まずウエイトラインに平行に近いセクションラインを、耳後ろから取り直す。落ちる位置を確認しながら、01～04よりもリフトアップ。同様に前方へオーバーダイレクションをかける。

Challenge! >>>from 10

もし、オーバーダイレクションをかけたままなら、どうなる？
>>>バックに長さが残り、もっと重いシルエットになっていく

Form Lesson G　　Super Basic　　Round Gradation

Challenge! >>>from 13

もっとリフトアップしていったらどうなる?
>>> さらにグラの幅が大きくなる。逆にリフトダウンしていったら、グラの幅は小さくなる。

15
バックに向かってオーバーダイレクションを小さくしていくので、バックセンターはリフトアップのみとなる。

14
オーバーダイレクションとリフティングに注目。パネルの前方は角度を下げ、後ろ側は上げている。こうすると、サイドのグラの幅は小さくなってラインが残るが、バックの重さは取ることができる。

13
このあたりからは、グラの幅を逆に小さくしていきたいので、ここは下のセクションよりもリフトダウンする。ここでは指が肌につくぐらいまで、角度を下げている。

12
徐々に全体が丸みのあるシルエットになってきているのがわかる。リフトアップの角度がグラの幅を決定するので、イメージしたフォルムになるように、常に落ちる位置を意識すること。

11
バックセンターはオーバーダイレクションをかけずに、リフトアップのみ。

20
この上のセクションは、基本的にリフトダウンして、前方にオーバーダイレクションをかける。ある程度しっかりとウエイトラインを出すため。

19
しっかりとラウンド状にグラがついてきた。ハチ上までにきたときに一度、自分のほしいウエイトラインができているかを確認する。少しでも違っていたら、ここで修正してから、先に進むこと。

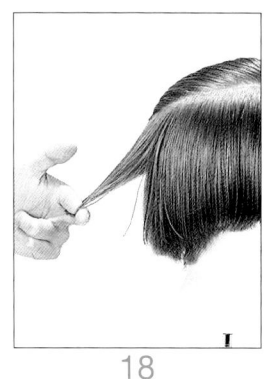

18
バックセンター。かなりリフトアップされている。

17
正面から見ると、パネルはこのような角度になっている。

16
その上のセクションも同様に、前側は角度を低く、後ろ側は高くしたリフティングとオーバーダイレクションでカット。

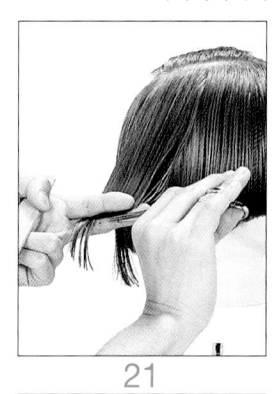

Round Gradation | Super Basic | Form Lesson **G**

<<<<<<<

25
バックセンター。22と比べると、わずかに角度が上がっている。

24
バックまで同様に、少しだけリフトアップ。

23
最終セクションは再び、ほんの少しリフトアップさせる。これはウエイトラインを少しだけぼかすため。

22
バックセンター。このセクションのリフトアップの角度。

21
これまでのセクションと同様に、バックまで切り進む。

30
ウエイトラインが徐々にできてきた。左右が揃っているかどうか、確認すること。

29
その上からは、セクションラインをウエイトラインに平行に取り直してカット。ネープセンターはオーバーダイレクションがかかっていない。

28
ネープもヘムラインと平行にセクションを取ってカット。徐々にオーバーダイレクションは小さくする。

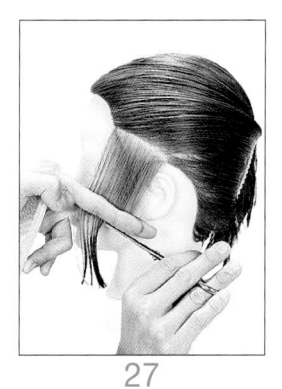

27
逆サイド。基本的には同様。まずはヘムラインと平行にセクションを取り、右サイドのグラに合わせて落ちる位置を確認し、前方にオーバーダイレクションをかけてカット。

26
右サイドの切り上がり。

Challenge! >>>from 27

もっとオーバーダイレクションを大きくしたらどうなる?
>>>イメージしていたよりも、もっと段が入ってくる。

Form Lesson **G**　　Super Basic　　Round Gradation

Challenge! >>>from 33

リフトダウンせず、リフトアップのままだったら、どうなる？
>>>グラの幅が広がる一方で、アウトラインが消されてくる。

35
その上のセクションも同様にリフトダウンのまま。

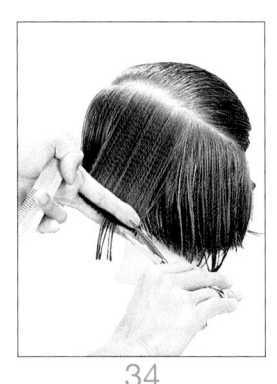

34
リフトダウンで、バックまでカット。

33
ここからはウエイトラインを残すために、リフトダウンに変わる。

32
バックに近づくにつれて、オーバーダイレクションは小さくなることも同様。

31
オーバーセクションも逆サイドと同様。パネルの前を低く、後ろを高くするリフティングとオーバーダイレクションでカットしていく。

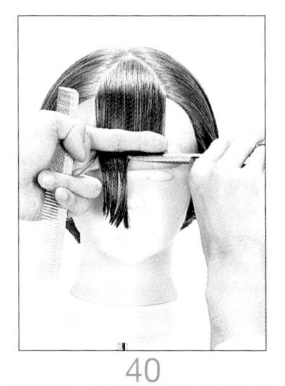

40
最後にバングをつくる。三角ベースをフロントセンターに集めて水平にカット。

39
全体のフォルムの切り終わり。フロントサイドからバックにかけて、ラウンド状にグラが入っている。

38
34に比べるとほんの少しだけリフトアップしている。

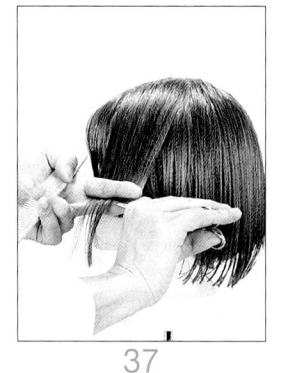

37
最終セクションは、再びほんの少しリフトアップしてラインをぼかす。右サイドと同様にサイドまで切り進む。

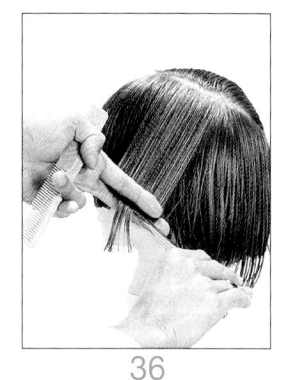

36
そのままバックまで切り進む。

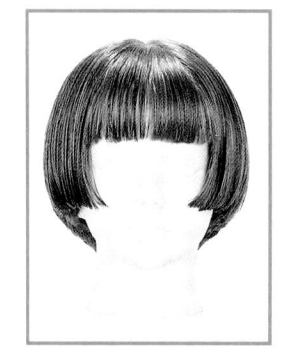

Round Gradation | Super Basic | Form Lesson **G**

01 同じ手順で違うスタイルを切ってみよう

Variation

次のスタイルは、基本形よりも丸みが少なくシャープさが出て、グラボブに近い印象になっています。フロントの長さは基本形とほぼ同じなのですが、ウエイトポイントが少し高めになっていますね。ということは、基本形よりもリフトアップさせればいいのでしょうか？ どのくらい上げるのでしょうか？ 基本形と見比べながら考えてみましょう。

<<<<<<

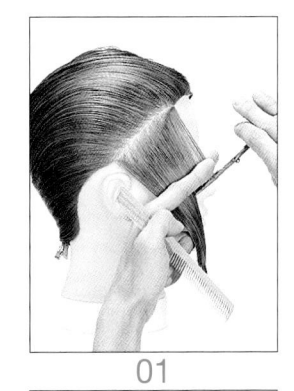

01
水平のワンレングス状態からスタート。基本形と同様に、ヘムラインに平行にセクションを取り、前方にオーバーダイレクションをかけて、スライスラインに平行にカットする。

02
バックは、ネープのヘムラインに平行にセクションを取ってカット。その上のセクションからは、点線のようにセクションラインを取り直してカットしていく。ここまでは基本形と同様。

03
ここから上は、基本形よりGの幅を広くしたいので、かなりリフトアップする。この角度が基本形との形を変えているので、イメージしたフォルムに合わせた角度を設定すること。

04
バックに向かうにつれて、オーバーダイレクションを小さくし、リフトアップしたままカット。

05
バックセンターではこのような角度になる。

06
その上のセクションは、フロントにはこれ以上Gを入れず、バックのウエイトポイントだけを上げていくために、点線の位置に再びセクションラインを取り直す。

07
フロント側はリフトダウンさせてカット。

08
バックに向かうにつれて、リフトアップしていく。オーバーダイレクションのかけ方は、基本形と同様。

09
その上のセクションも同様。バックはリフトアップさせることで、ウエイトラインが上がっていく。

10
最終セクション。フロントサイドはほぼ0度でスタート。

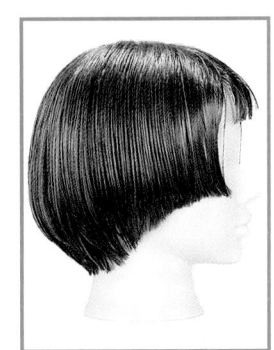

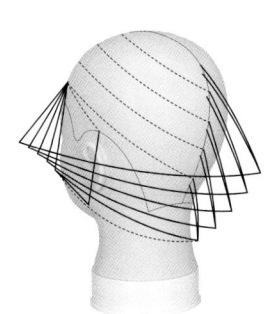

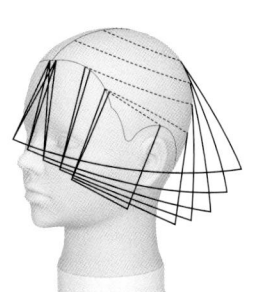

| Form Lesson **G** | Super Basic | Round Gradation |

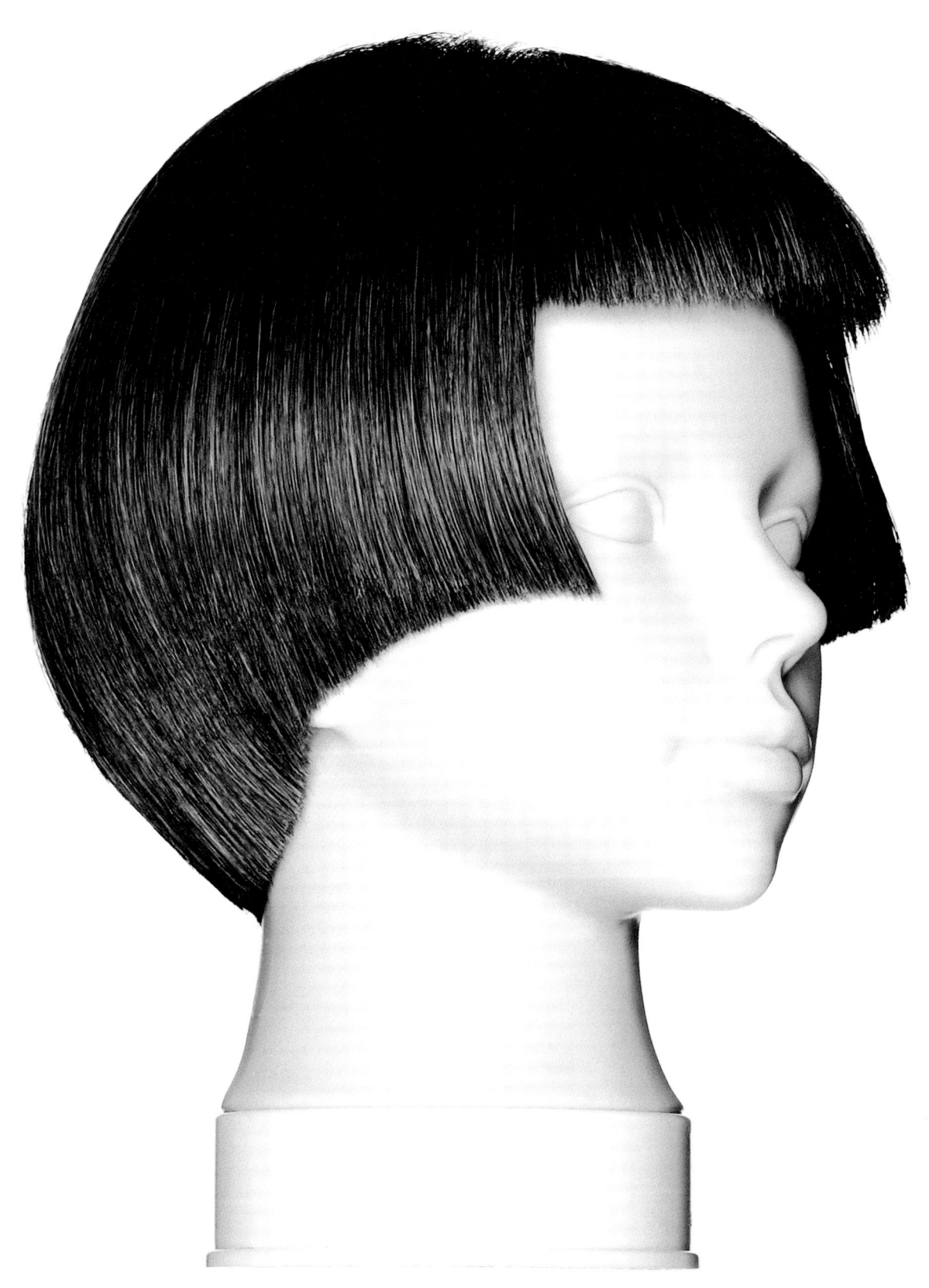

Variation_01

Round Gradation　　Super Basic　　Form Lesson **G**

同じ手順で違うスタイルを切ってみよう 02

Variation

これはいわゆるマッシュルームスタイル。ただし前上がりのラインに対して、耳よりも前は前上がりのGがついているが、耳より後ろは水平のG。つまりウエイトラインは水平についている。バックになるにしたがって縦に近いセクションになるため、レイヤーボブの考え方に近くなる。実は難易度はかなり高い。

<<<<<<

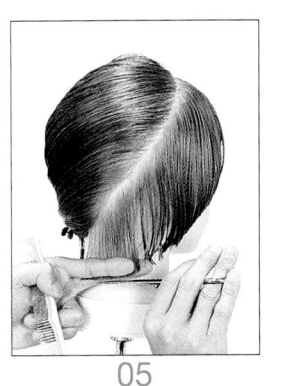

05
第2セクションでは、耳より前は01と同様だが、バックはさらにリフトアップさせている。

04
第1セクションでのバックのリフティングの角度。この上のセクションで、どう上がっていくのかに注目。

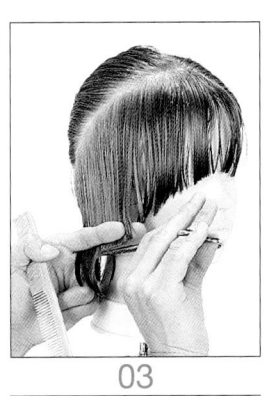

03
耳よりも後ろは、ややリフトアップしていく。

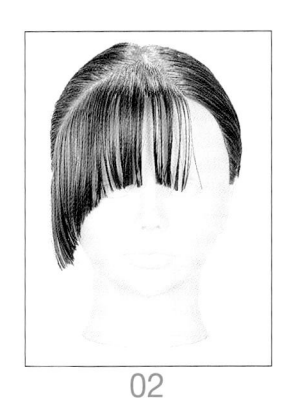

02
このようにラウンドしたラインになる。

01
水平のワンレングス状態からスタート。フロントからカットしていく。ヘムラインに平行にセクションを取り、前方にオーバーダイレクションをかけてカット。

10
最終セクション。角度はここまで上がっている。

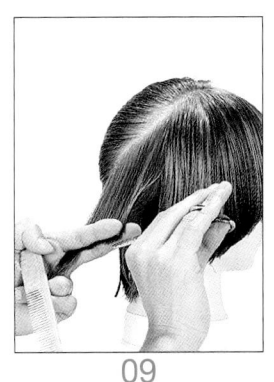

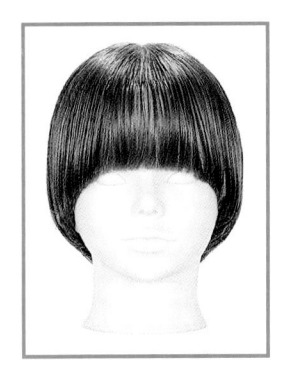

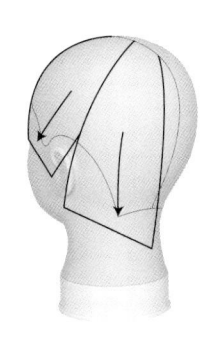

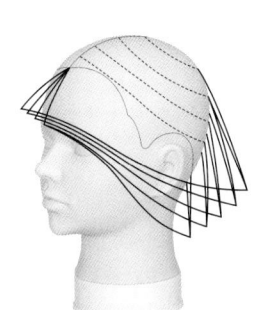

09
同様に順次リフトアップ。

08
第5セクション。さらにリフトアップしていく。

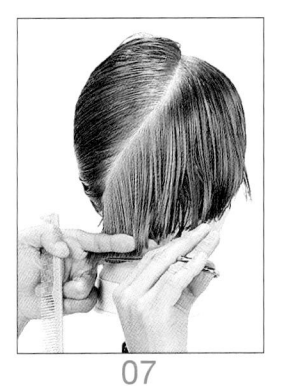

07
第4セクション。角度はさらに上がっていく。トップの長さとネープの長さの差がはっきりと見えてきた。

06
第3セクション。03に比べてさらに角度が上がっている。このあたりになると、スライスがかなり縦気味になっていることが分かる。

| Form Lesson **G** | Super Basic | Round Gradation |

Variation_02

Round Gradation | Super Basic | Form Lesson **G**

同じ手順で違うスタイルを切ってみよう 03

Variation

耳上のコーナーを境に、耳より前は極端な前上がり、後ろは前下がりのGがついているスタイル。セクションが上がるごとに、横スライスから縦に近い斜めスライスに変化させている。つまり前と後ろでテクニックが逆転する構造で、オーバーダイレクションとリフティングの両方が大切になってくる。T041ページの上級者版といえる。

<<<<<<

05 耳よりも後ろはこのガイドに沿っていく。今度は逆に、後ろにオーバーダイレクションをかけながら、耳上あたりはリフトアップ、ネープ側はリフトダウンしてカット。

04 イア・トゥ・イアまでをこの角度のままカット。

03 そのため、急激な前上がりのGになる。

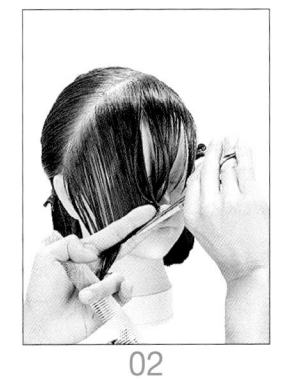

02 T040ページに比べると、さらに大きく前方にオーバーダイレクションをかけている。

01 水平のワンレングス状態からスタート。これも前からカットしていく。ヘムラインに平行にセクションを取り、前方にオーバーダイレクションをかけてカット。

10 後ろにオーバーダイレクションをかけながら、最終セクションではここまで角度を上げている。これによってバックセクションには前下がりのGができる。

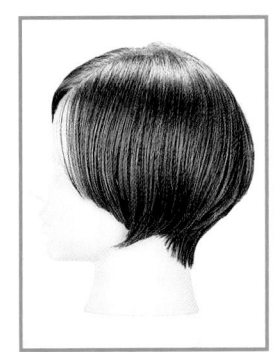

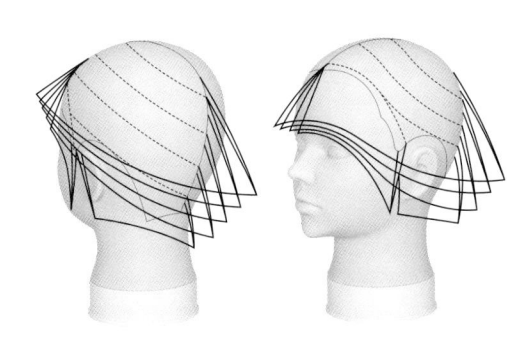

09 同様に、耳より前は常にリフトダウン、バックは順次リフトアップで進んでいく。

08 第3セクション。バックはさらにリフトアップしていく。

07 このように、耳より前は前上がりのG、耳より後ろは前下がりのGがつく。

06 第2セクション。耳より前はリフトダウンのままだが、耳より後ろは少しずつリフトアップしていく。オーバーダイレクションは02〜05と同様にかける。

| Form Lesson **G** | Super Basic | Round Gradation |

Round Gradation

Variation_03

Round Gradation　　　Super Basic　　　Form Lesson **G**

▪▪ Check! ▪▪

失敗?やり直し!?の前に
ここをチェックしてみよう

Prototype

アウトラインが急な角度になり過ぎていないか?ステップがついていないか?

1 2 3

Gの入り方はきれいか?

2 4

左右のバランスは正確か?

これもレイヤーボブと同様に、逆サイドを切るときは要所ごとで確認をおこたらないようにすることが大切。リフトアップのセクションとダウンのセクションが、左右できちんと揃うように気をつける。

ウエイトラインが重くなり過ぎていないか?

1 2

1　オーバーダイレクションを正しくかけることで、ラインのガタつきと、ウエイトラインの狂いを防ぐ

✗ これは逆に後ろにかけすぎてしまった例。これは前が重くなりすぎて、どちらも今回の例題にあるスタイルのフォルムにはならない。

✗ オーバーダイレクションは、求める段差とラインに繋がることを常に意識しながら角度を決める。この場合は何度で引くという一定のマニュアルは存在しない。ワンカットずつコームアウトして、段差のつき具合を確認しながら切り進む。これは求めるラインに対して前にかけすぎてしまった例。これでは後ろが重くなりすぎる。

✗ オーバーダイレクションをかけてしまったところ。アウトラインに穴が空いてしまう。

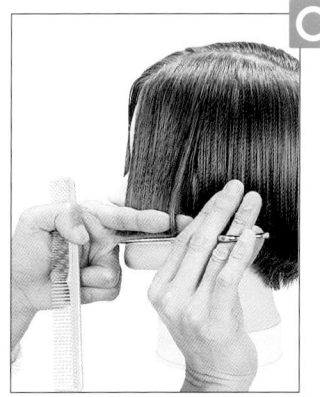

○ フロントのこの部分は間違えやすいところ。オーバーダイレクションはかけずリフトダウンして、アウトラインをキープする

| Form Lesson **G** | Super Basic | Round Gradation |

4 頭の丸みに沿ったリフトアップとダウンで、Gのウエイトラインをつくっていく

down 04
up 01

down 05
up 02

up 06
up 03

2 リフトアップとリフトダウンの場所を見極める

○ ラウンドグラの場合、常にリフトアップするわけではなく、頭の丸みを考えて、リフトアップする場所とダウンする場所がミックスされる。たとえばフロントサイドのこの部分はリフトダウン。リフトアップするとGのラインがガタつくため。

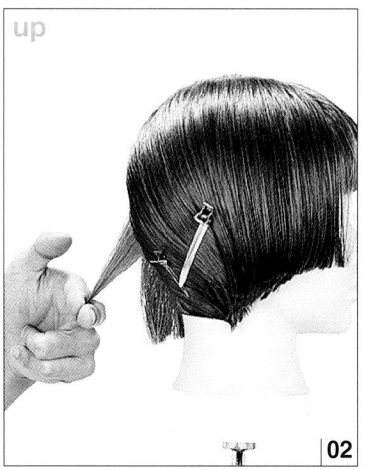

3 スライスを厚く取ると、ガイドを傷つける

✕ レイヤーボブのところでも述べたが、ありがちなミスがこれ。スライスを厚く取り過ぎて、ガイドまで切ってしまうことがある。こうなると、ラインは当然乱れるし、フォルムまで変わってしまう恐れがある。

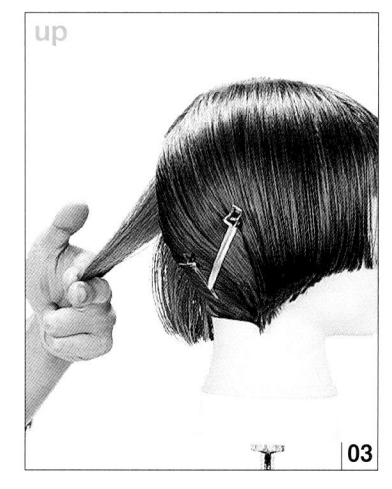

基本形のバックのリフティングを連続コマで表したもの。01〜03まではリフトアップ、04〜05はリフトダウン（05は04と同じ角度をキープしているのでリフトダウン）、06で再びリフトアップしている。後頭部の一番出ている骨に向かう01〜03まではリフトアップでGをつくっているが、一番出ている骨より上の04〜05はそのGをキープしたいので、リフトダウンでウエイトラインをキープしている。そして最終セクションの06では、再びリフトアップすることで、アウトラインを少し和らげている。このように欲しいウエイトラインに向かって、頭の丸みを考えてリフトアップとリフトダウンを組み合わせていくことが大切。

Round Gradation | Super Basic | Form Lesson **G**

Variation_01

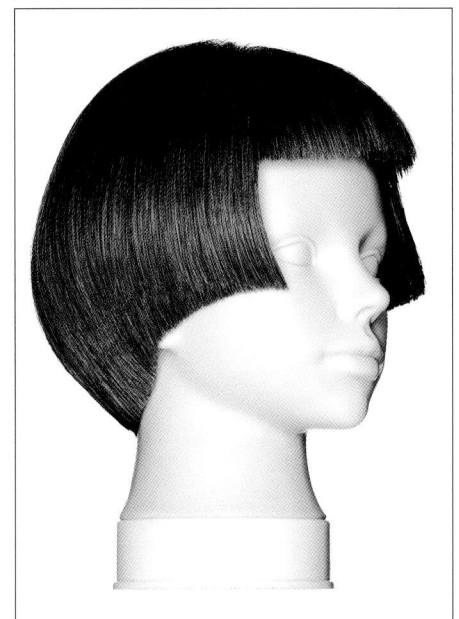

1 このコーナーができていないと、正しいアウトラインにならない

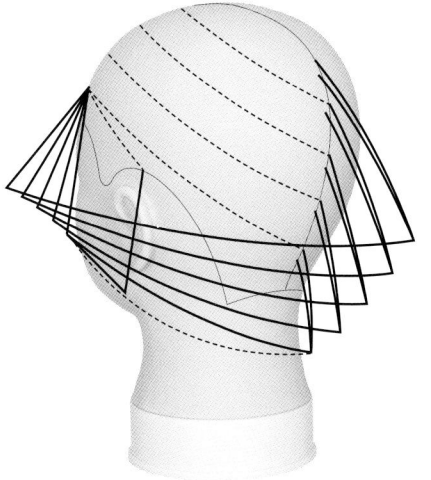

アウトラインが狂っていないか？ >>> **1**

! スタイルを切り終わったら、この部分にコーナーができているかどうか、確認してみよう。これができていないということは、例題のスタイルとはアウトラインが違ってしまっているはず。最初のセクションの角度がすでに違っていたことになる。このコーナーができる、というのはオーバーダイレクションをかけたかどうかを意味する。もう一度、このスタイルのバックセクションの切り方を思い出して欲しい。

Challenge!
バックをすべてリフトアップしてつくってみよう。例題のスタイルと比べて、どうウエイトラインが変わってくるだろうか？ またリフトアップとダウンの角度をいろいろと変化させてみよう。それによるフォルムの変化を観察しよう。

Challenge!
バックまですべてオーバーダイレクションをかけたままで進んでみたらどうなる？ バックの形はどう変化するだろうか？

Variation_02

1 上記と同様に、耳後ろのこの部分にコーナーができているかどうかをチェックしよう。

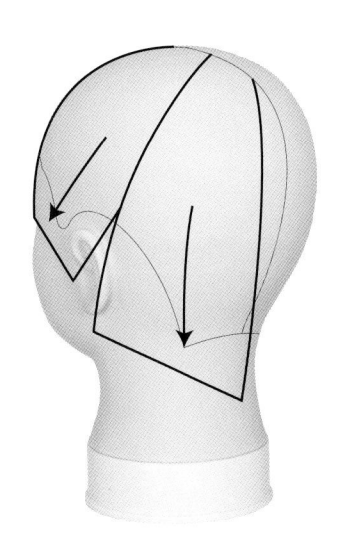

アウトラインが狂っていないか？ >>> **1**

! このコーナーは、実はオーバーダイレクションをかけなかった場所であるためにできている。ラウンドグラの場合、バックに行くにしたがって、徐々にオーバーダイレクションを小さくしていったためにできたコーナーである。この位置が違っていたり、できなかったりしたということは、オーバーダイレクションが例題のテクニックと違っていたということになる。

Form Lesson G | Super Basic | Round Gradation

Variation_03

Challenge!

これらもレイヤーボブと同様、別の切り方で同じスタイルをつくることに挑戦してみよう。まずはダイヤグラムを起こしてみて、さらに実際にウイッグを切ってみよう。

ウエイトラインが
下がっていないか？ >>> 1

1 オーバーダイレクションがきちんと後方にかかっていないと、ウエイトラインが下がる。

✕ これはオーバーダイレクションが正しく後方へかかっていない例。前方にかかる形になってしまっているので、このままだとバックの長さが残り、ウエイトラインが重くなる。頭の丸さを正確に捉えず、手元だけを見てカットしていると、こういうミスが起こりやすいので注意しよう。頭の丸さに合わせて、こまめに立ち位置を移動することが大切である。

○ バックに向かうにつれて、後方へのオーバーダイレクションを小さくしていくわけだが、角度が狂いやすいので注意する。正しく後方へのオーバーダイレクションがかかっていれば、このように指の付け根側が上がり、指先側が下がる角度になるはず。

✦✦ ラウンドグラデーションから
マスターしてほしいこと

マッシュルームスタイルのイメージが強いラウンドグラですが、リフティングの操作を覚えることが一番重要なポイントです。頭の丸みに沿ってリフティングをコントロールしていくことで、ウエイトラインを操っていくのが、このテクニックだからです。頭の丸みに沿ったスライスとリフティングの繰り返しでできていくGなので、丸いシルエットになっていきましたよね。イメージしたウエイトラインにするためには、リフトアップ、リフトダウンを使い分けることが必要ですし、骨格に沿った落ちる位置を考えると、決して一定の間隔で上げ下げしていくわけではないことが分かると思います。それを把握することがこのトレーニングの目的なのです。またスライスは望むウエイトラインに平行に取っていくことが一番合理的であるということも、このラウンドグラで強く実感すると思います。

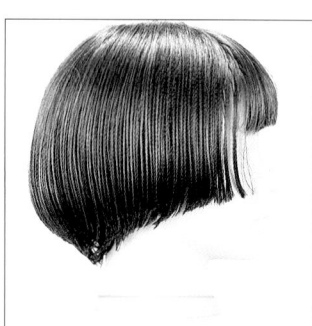

Gradation Bob

03 | グラデーションボブ

グラボブってどんな特徴をもったスタイル?

「グラボブ」はよりいっそう、スタイルそのものを連想する呼び名ですが、ここではグラデーションボブというテクニックも指すのだと理解してください。ただしこのテクニックを用いたスタイルには、いくつかの共通点が存在します。たとえば、はっきりとしたウエイトを持ち、重さを感じるデザインになるということ。それからすべてがGで構成されていること、などです。さらに、バックから切り始めている関係上、前下がりになりやすく、言い換えれば、前下がりのスタイルをつくるときに適しているテクニックなのです。

とはいえ、形はオーバーダイレクションのかけ方でかなり変わります。Gのアングル次第で、できあがるフォルムは様々。ハイポイントのグラボブから、ステップボブに近いものまで同じテクニックでつくることができます。オーバーダイレクションがテクニックのポイントになるスタイルですが、ここにリフティングをミックスさせれば、スタイルのバリエーションはさらに大きく広がっていきます。

なぜこのスタイルをレッスンするのか?

ここでの第一目的は、頭の丸みに沿ったオーバーダイレクションのかけ方をトレーニングすること。しかし実はレイヤーボブとラウンドグラでレッスンした内容の集大成でもあるのです。レイヤーボブから順番に進んできた方はお気づきかもしれませんが、レイヤーボブはオーバーダイレクションが多少ばらついても、そこそこ「形」になるし、ラウンドグラはリフティングが多少ズレても「ちょっと丸くなり過ぎたかな?」程度の狂いで済んでしまいましたよね? しかしこのグラボブはそうはいきません。すべてが緻密に計算されていないと、ウエイトラインがガタガタになります。なぜならグラボブのインターナルはすべて直線で構成されているから。レイヤーボブはG→L→Gと移行するため、ウエイトラインが曖昧になり、ラウンドグラはインターナルが曲線で構成されているので、なだらかな面になりやすかったのですが、グラボブは直線構成なので、ウエイトラインがはっきりと表面に出てきます。その意味で、フォルムのコントロールがきちんとできているかいないか、一目で分かってしまうテクニックなのです。逆の言い方をすれば、レイヤーボブとラウンドグラのテクがどこまでマスターできているか、判断の目安となるトレーニングです。

Form Lesson **G** | Super Basic | Gradation Bob

Proto_type

Gradation Bob | Super Basic | Form Lesson **G**

このグラデーションボブを分析しよう

まず、前下がりでウエイトラインが直線であること、そのためにシャープでスピード感が出ていること、などを最初に感じ取るのではないでしょうか？ 形をじっくり観察してみてください。これまでのスタイルと違って、Lはインターナルにいっさい入っていません。Gのみで構成されています。バックセンターのウエイトポイントから、フロントサイドのワンレングス部分まで前下がりのラインで繋がっていますね。ここからオーバーダイレクションを使っていることが想像できると思います。またウエイトポイントとネープのアウトラインとの距離感を測ってみましょう。この部分から、Gの角度を計算していきます。Gの角度が小さければウエイトポイントは上がるし、大きければ下がってきますね。このスタイルはどのくらいの角度で入っているのか？ それはバックセンターの1パネル目のカットで決まってしまいます。きちんと把握してから切り始めることが大切ですよ！

| Form Lesson **G** | Super Basic | Gradation Bob |

ダイヤグラムを起こしてみよう

ポイントはオーバーダイレクションのかけ方です。ウエイトポイントからフロントサイドのワンレングス部分までを、オーバーダイレクションでどう繋いでいくのかが重要。つまりバックセンターでは幅広くついているGを、フロントに向かうにつれて徐々に閉じるようにしていかなければなりません。その閉じ具合から、後ろにどのくらい引くオーバーダイレクションでスタートするのか、またどのあたりから徐々に引く角度を小さくしていくのかを考えていきましょう。

あるスタイルにある一つのテクニックが提示されるのには、理由があります。本当はどんなテクニックで切っても構わないし「これでしか切れない」ということはありません。だからこのスタイルを、横セクションや縦セクションで組み立てる人もいるはずです。それらもダイヤグラムを起こしてみて、実際にカットしてみましょう。セクションを変えれば、当然オーバーダイレクションもリフティングも変化します。すると切りやすい部分と切りにくい部分が出てくるはずです。もちろん僕たちは、なるべく切りやすく、コントロールしやすいテクニックを選びたい。では最も合理的にカットできるように、その「切りやすい」テクだけの集合体にしていくにはどうしたらよいのか？ それを自分自身の力で考えていくとき、あらゆる骨格や毛流に対応できる応用力が身に付くのです。

ダイヤグラムのヒント

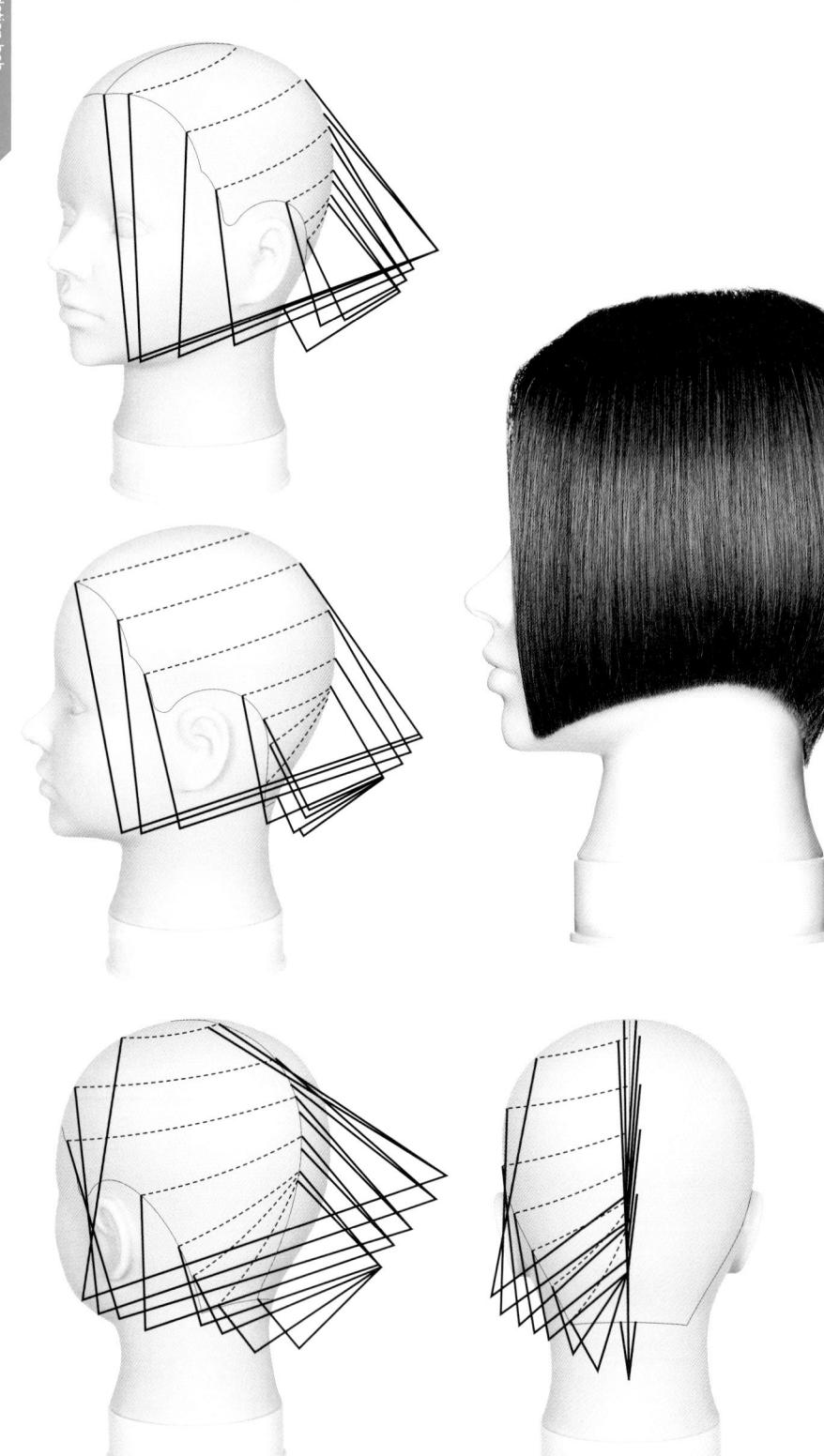

ウエイトポイント、ウエイトライン共に非常にはっきりしている。ということはすべてGの構成でできていると予測。全体の印象は前下がりなので、オーバーセクションはウエイトラインに平行にオーバーダイレクションをかけて、前下がりのウエイトラインからサイドのアウトラインに繋いでいると考えるのが妥当だろう。ただしネープはとてもタイトで前上がりラインなので、ここはオーバーダイレクションをかけていないと判断。もしかけていれば、もっと重いネープになるはずだ。ネープはほぼオンベースで、リフトアップしてカットしていったと予想される。耳後ろだけは若干オーバーダイレクションをかけて、穴が空くことを防ぐ。さらにネープから上のオーバーセクションは、ウエイトラインに平行にリフティングをしていると予想。なぜならウエイトラインがステップになっておらず、柔らかさが出ているからだ。

Gradation Bob | Super Basic | Form Lesson **G**

グラデーションボブの基本テクニック

PROTO TYPE

基本のグラボブは前下がりラインの直線的なスタイル。ウエイトラインを正確に出すことと、前に向かってグラの幅が小さくなるように、オーバーダイレクションをコントロールすることが大切です。

<<<<<<<

05
サイドに近づくにつれて、横スライスに近い斜めスライスに変化していく。

04
アウトライン側はついオーバーダイレクションをかけてしまって、重くなりやすいので、少しリフトアップ気味にするぐらいでちょうど良い。

03
そのまま放射状に、ほぼオンベースの角度でカットしていく。

02
正中線上に、望んだGの角度を正確に決めてからカット。

01
Beforeは、水平のワンレングス。イメージしたウエイトポイントに合わせて、ぼんのくぼの上の骨から耳後ろにかけてハの字にセクションを取る。

10
第3セクション。ここからはフロントにつなげていくためのオーバーダイレクションをかけていく。

09
サイドからもチェック。グラのガタつきがあったら、次のセクションに移る前に修正しておくこと。

08
ネープの切り上がり。左右のウエイトラインが対象になっているかをチェックすること。

07
逆サイドも1〜6までと同様にカット。

06
第2セクション。ここからはリフトダウンしてカットしていく。

Challenge! >>>from 06

リフトアップしていくとどうなる？
>>>ウエイトポイントが上がり、ラインがぼけていく。

| Form Lesson **G** | Super Basic | Gradation Bob |

15
フロント側では、オーバーダイレクションをほとんどかけない。ここでつくったアウトラインをこの先キープするので、慎重に決めること。

14
しかしサイドになるにしたがって、フロントをワンレングス状態にするために、徐々にオーバーダイレクションを小さくする必要がある。耳後ろでは角度がこのくらいまで小さくなっている。

13
その上のセクションも、同様にオーバーダイレクションをかけて、リフトダウンで切り進む。

12
ただし、ウエイトラインをキープしたいので、パネルはリフトダウンしたまま。

11
1〜9まででつくったウエイトラインとフロントが繋がる角度を考えて、このように後ろに引くオーバーダイレクションをかける。

20
このように、フロントサイドではラインに段差がほとんどついていない。

19
フロントサイドでは、ほとんどスライスに対して垂直に引いている。

18
耳後ろでは、オーバーダイレクションはかなり小さくなっている。

17
サイドに向かうに連れて、徐々にオーバーダイレクションを小さくしていく。

16
第5セクション。後方へのオーバーダイレクションとリフトダウンで切り進む。

Challenge! >>>from 17

バックからフロントまでオーバーダイレクションをかけたら？
>>>フロント側にも段がたくさん入り、サイドのアウトラインは薄くなる。

Gradation Bob | Super Basic | Form Lesson **G**

Challenge! >>>from 21
もっとオーバーダイレクションを大きくしたらどうなる?
>>>イメージしていたよりも、もっと段が入ってくる。

<<<<<<

25
フロントはほぼ真下に引いて、シャープなアウトラインをつくる。

24
ハチ上のこのあたりは角度を上げてしまいやすいので注意。リフトアップするとウエイトラインが上がってしまう。写真の角度のリフトダウンをキープする。

23
サイドも下のセクションと同様のオーバーダイレクションとリフトダウンでカット。

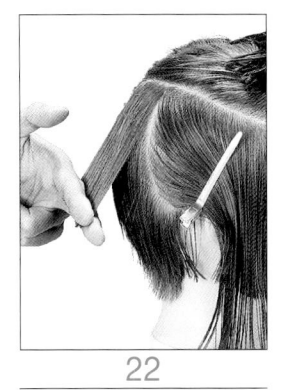

22
ここで大切なのは、スライスを細かく取っていくこと。スライスが厚いと、それだけで段に差が出てくるので注意する。

21
第6セクションも同様にカット。

30
フロントに向かう角度の移動も同様。

29
第8セクションも同様にカット。

28
これまでと同様にフロントに向かって、オーバーダイレクションを小さくしていく。

27
第7セクション。後方へのオーバーダイレクションとリフトダウンのまま、カットしていく。

26
ウエイトラインとフロントのつながり具合がかなりはっきりしてきた。

Form Lesson **G**　　Super Basic　　Gradation Bob

Challenge! >>>from 00

リフトダウンせず、リフトアップのままだったら、どうなる？
>>>グラの幅が広がる一方で、アウトラインが消されてくる。

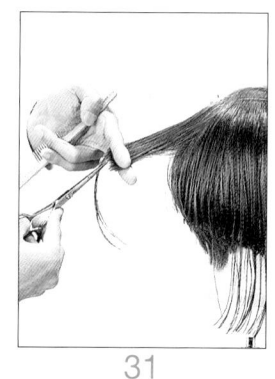

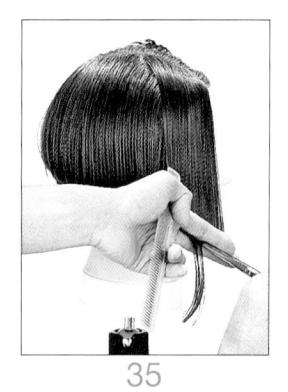

35
フロントでは、オーバーダイレクションをかけずに、ほぼ指1本分の角度になっている。

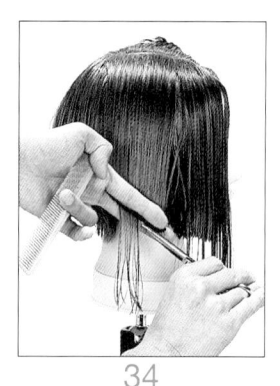

34
右サイドの最終セクション。再びリフトダウンに戻して、32〜33と同様にやや曲線のラインにしてカット。オーバーダイレクションも同様に小さくする。

33
ここから上はパネルを持つ指先を少しだけ内側に入り込ませる。頭の丸みに沿った毛流れにするために、トップのセクションは直線ではなく、やや曲線のラインでカットすることがポイント。

32
リフトアップしているが、オーバーダイレクションは、これまでと同様に徐々に小さくしていく。ただしパネルを持つ指が、頭の曲面に合わせて、少しずつ顔側に回り込んでいることに注目。

31
第9セクション。GP周辺の毛流はいろいろな方向に動きやすいので、ウエイトラインの上に長い毛が出ないように、ここはリフトアップし、チョップカットで処理する。

40
最後にネープのアウトラインを整える。耳より後ろはどうしてもややラインが乱れやすいので、最後に自分の望むアウトラインに整えておく。

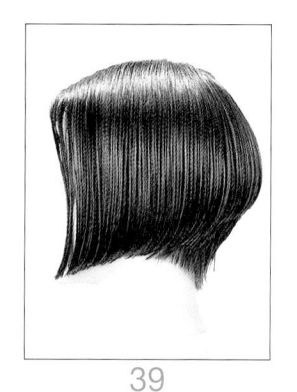

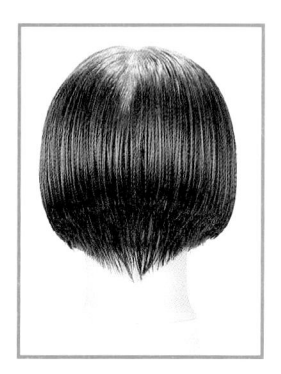

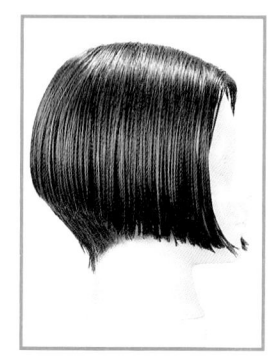

39
左サイドの切り上がり。

38
フロントに向けて、左サイドと同様の角度でオーバーダイレクションを小さくしていくこと。

37
なるべくこまめに左右を確認しながら切り進むこと。

36
逆サイドも同様にカット。ただし耳上のこの部分はオーバーダイレクションとリフティングの角度を間違えやすいので注意。